insel taschenbuch 4373
»Der wunderbarste Ort von der Welt«
Gartenglück mit
Johann Wolfgang Goethe

W0033492

»Der wunderbarste Ort von der Welt«

GARTENGLÜCK MIT JOHANN WOLFGANG GOETHE

Herausgegeben von Mario Leis

INSEL VERLAG

Erste Auflage 2015
insel taschenbuch 4373
Originalausgabe
© Insel Verlag Berlin 2015
Alle Rechte vorbehalten, insbesondere das der Übersetzung,
des öffentlichen Vortrags sowie der Übertragung
durch Rundfunk und Fernsehen, auch einzelner Teile.
Kein Teil des Werkes darf in irgendeiner Form
(durch Fotografie, Mikrofilm oder andere Verfahren)
ohne schriftliche Genehmigung des Verlages reproduziert
oder unter Verwendung elektronischer Systeme
verarbeitet, vervielfältigt oder verbreitet werden.
Vertrieb durch den Suhrkamp Taschenbuch Verlag
Umschlagfoto: Alun Callender/plainpicture
Umschlag: heilmann, hißmann, hamburg
Satz: Satz-Offizin Hümmer GmbH, Waldbüttelbrunn
Druck: CPI – Ebner & Spiegel, Ulm
Printed in Germany
ISBN 978-3-458-36073-5

»DER WUNDERBARSTE ORT VON DER WELT«

INHALT

1. Goethes Garten-Biografie

2. Poetischer Garten

3. Goethe und die Botanik

4. Liebesgarten

1. GOETHES GARTEN-BIOGRAFIE

Meines Vaters Mutter, bei der wir eigentlich im Hause wohnten, lebte in einem großen Zimmer hinten hinaus, unmittelbar an der Hausflur, und wir pflegten unsere Spiele bis an ihren Sessel, ja wenn sie krank war, bis an ihr Bett hin auszudehnen. Ich erinnere mich ihrer gleichsam als eines Geistes, als einer schönen, hagern, immer weiß und reinlich gekleideten Frau. Sanft, freundlich, wohlwollend, ist sie mir im Gedächtnis geblieben.

Wir hatten die Straße, in welcher unser Haus lag, den Hirschgraben nennen hören; da wir aber weder Graben noch Hirsche sahen, so wollten wir diesen Ausdruck erklärt wissen. Man erzählte sodann, unser Haus stehe auf einem Raum, der sonst außerhalb der Stadt gelegen, und da wo jetzt die Straße sich befinde, sei ehmals ein Graben gewesen, in welchem eine Anzahl Hirsche unterhalten worden. Man habe diese Tiere hier bewahrt und genährt, weil nach einem alten Herkommen der Senat alle Jahre einen Hirsch öffentlich verspeiset, den man denn für einen solchen Festtag hier im Graben immer zur Hand gehabt, wenn auch auswärts Fürsten und Ritter der Stadt ihre Jagdbefugnis verkümmerten und störten, oder wohl gar Feinde die Stadt eingeschlossen oder belagert hielten. Dies gefiel uns sehr, und wir wünschten, eine solche zahme Wildbahn wäre auch noch bei unsern Zeiten zu sehen gewesen.

Die Hinterseite des Hauses hatte, besonders aus dem oberen Stock, eine sehr angenehme Aussicht über eine beinah unabsehbare Fläche von Nachbarsgärten, die sich bis an die Stadtmauern verbreiteten. Leider aber war, bei Verwandlung der sonst hier befindlichen Gemeindeplätze in Hausgärten, unser Haus und noch einige andere, die gegen die Straßenecke zu lagen, sehr verkürzt worden, indem die Häuser vom Roßmarkt her weitläufige Hintergebäude und große Gärten sich zueigneten, wir aber uns durch eine ziemlich hohe Mauer unsres Hofes von diesen so nah gelegenen Paradiesen ausgeschlossen sahen.

Im zweiten Stock befand sich ein Zimmer, welches man das Gartenzimmer nannte, weil man sich daselbst durch wenige Gewächse vor dem Fenster den Mangel eines Gartens zu ersetzen gesucht hatte. Dort war, wie ich heranwuchs, mein liebster, zwar nicht trauriger, aber doch sehnsüchtiger Aufenthalt. Über jene Gärten hinaus, über Stadtmauern und Wälle sah man in eine schöne fruchtbare Ebene; es ist die, welche sich nach *Höchst* hinzieht. Dort lernte ich Sommerszeit gewöhnlich meine Lektionen, wartete die Gewitter ab, und konnte mich an der untergehenden Sonne, gegen welche die Fenster gerade gerichtet waren, nicht satt genug sehen. Da ich aber zu gleicher Zeit die Nachbarn in ihren Gärten wandeln und ihre Blumen besorgen, die Kinder spielen, die Gesellschaften sich ergetzen sah, die Kegelkugeln rollen und die Kegel fallen hörte; so erregte dies frühzeitig in mir ein Gefühl der Einsamkeit und einer daraus entspringenden Sehnsucht, das dem von der Natur in mich gelegten Ernsten und Ahndungsvollen entsprechend, seinen Einfluß gar bald und in der Folge noch deutlicher zeigte.

16

[…] Jene Krankheiten und andere unangenehme Störungen wurden in ihren Folgen doppelt lästig: denn mein Vater, der sich einen gewissen Erziehungs- und Unterrichts-Kalender gemacht zu haben schien, wollte jedes Versäumnis unmittelbar wieder einbringen, und belegte die Genesenden mit doppelten Lektionen, welche zu leisten mir zwar nicht schwer, aber insofern beschwerlich fiel, als es meine innere Entwicklung, die eine entschiedene Richtung genommen hatte, aufhielt und gewissermaßen zurückdrängte.

Vor diesen didaktischen und pädagogischen Bedrängnissen flüchteten wir gewöhnlich zu den Großeltern. Ihre Wohnung lag auf der friedberger Gasse und schien ehmals eine Burg gewesen zu sein: denn wenn man herankam, sah man nichts als ein großes Tor mit Zinnen, welches zu beiden Seiten an zwei Nachbarhäuser stieß. Trat man hinein, so gelangte man durch einen schmalen Gang endlich in einen ziemlich breiten Hof, umgeben von ungleichen Gebäuden, welche nunmehr alle zu einer Wohnung vereinigt waren. Gewöhnlich eilten wir sogleich in den Garten, der sich ansehnlich lang und breit hinter den Gebäuden hin erstreckte und sehr gut unterhalten war; die Gänge meistens mit Rebgeländer eingefaßt, ein Teil des Raums den Küchengewächsen, ein andrer den Blumen gewidmet, die vom Frühjahr bis in den Herbst, in reichlicher Abwechslung, die Rabatten so wie die Beete schmückten. Die lange, gegen Mittag gerichtete Mauer war zu wohl gezogenen Spalier-Pfirsichbäumen genützt, von denen uns die verbotenen Früchte, den Sommer über, gar appetitlich entgegenreiften. Doch vermieden wir lieber diese Seite, weil wir unsere Genäschigkeit hier nicht befriedigen durften, und wandten uns zu der entgegengesetzten, wo eine unabsehbare Reihe Johannis- und Stachelbeer-Büsche unserer Gierigkeit eine Folge von Ernten bis in den Herbst eröffnete. Nicht weniger war uns ein alter, hoher, weitverbreiteter Maulbeerbaum bedeutend, sowohl wegen seiner Früchte als auch weil man uns erzählte, daß von seinen Blättern die Seidenwürmer sich ernährten. In diesem friedlichen Revier fand man jeden Abend den Großvater mit behaglicher Geschäftigkeit eigenhändig die feinere Obst- und Blumenzucht besorgend, indes ein Gärtner die gröbere Arbeit verrichtete. Die vielfachen Bemühungen, welche nötig sind, um eine schöne Nelkenflor zu erhalten und zu vermehren, ließ er sich niemals verdrießen. Er selbst band sorgfältig die Zweige der Pfirsichbäume fächerartig an die Spaliere, um einen reichlichen und bequemen Wachstum der Früchte zu befördern. Das Sortieren der Zwiebeln von Tulpen, Hyazinthen und verwandter Gewächse, so wie die Sorge für Aufbewahrung derselben, überließ er Niemanden; und noch erinnere ich mich gern, wie emsig er sich mit dem Okulieren der verschiedenen Rosenarten beschäftigte. Dabei zog er, um sich vor den Dornen zu schützen, jene altertümlichen ledernen Handschuhe an, die ihm beim Pfeifergericht jährlich in Triplo überreicht wurden, woran es ihm deshalb niemals mangelte. So trug er auch immer einen talarähnlichen Schlafrock, und auf dem Haupt eine faltige schwarze Samtmütze, so daß er eine mittlere Person zwischen Alcinous und Laertes hätte vorstellen können.

Alle diese Gartenarbeiten betrieb er eben so regelmäßig und genau als seine Amtsgeschäfte: denn eh er herunterkam, hatte er immer die Registrande seiner Proponenden für den andern Tag in Ordnung gebracht und die Akten gelesen. Eben so fuhr er Morgens aufs Rathaus, speiste nach seiner Rückkehr, nickte hierauf in seinem Großstuhl, und so ging alles einen Tag wie den andern. Er sprach wenig, zeigte keine Spur von Heftigkeit; ich erinnere mich nicht, ihn zornig gesehen zu haben. Alles was ihn umgab, war altertümlich. [...]

Da seine Wohnung nahe am Eschenheimer Tore lag, so führte mich, wenn ich ihn besucht hatte, mein Weg gewöhnlich zur Stadt hinaus und zu den Grundstücken welche mein Vater vor den Toren besaß. Das eine war ein großer Baumgarten, dessen Boden als Wiese benutzt wurde, und worin mein Vater das Nachpflanzen der Bäume und was sonst zur Erhaltung diente, sorgfältig beobachtete, obgleich das Grundstück verpachtet war. Noch mehr Beschäftigung gab ihm ein sehr gut unterhaltener Weinberg vor dem Friedberger Tore, woselbst zwischen den Reihen der Weinstöcke, Spargelreihen mit großer Sorgfalt gepflanzt und gewartet wurden. Es verging in der guten Jahrszeit fast kein Tag, daß nicht mein Vater sich hinaus begab, da wir ihn denn meist begleiten durften, und so von den ersten Erzeugnissen des Frühlings bis zu den letzten des Herbstes, Genuß und Freude hatten. Wir lernten nun auch mit den Gartengeschäften umgehen, die weil sie sich jährlich wiederholten, uns endlich ganz bekannt und geläufig wurden. Nach mancherlei Früchten des Sommers und Herbstes war aber doch zuletzt die Weinlese das Lustigste und am meisten Erwünschte; ja es ist keine Frage, daß wie der Wein selbst den Orten und Gegenden, wo er wächst und getrunken wird, einen freiern Charakter gibt, so auch diese Tage der Weinlese, indem sie den Sommer schließen und zugleich den Winter eröffnen, eine unglaubliche Heiterkeit verbreiten. Lust und Jubel erstreckt sich über eine ganze Gegend. Des Tages hört man von allen Ecken und Enden Jauchzen und Schießen, und des Nachts verkünden bald da bald dort Raketen und Leuchtkugeln, daß man noch überall wach und munter diese Feier gern so lange als möglich ausdehnen möchte. Die nachherigen Bemühungen beim Keltern und während der Gärung im Keller gaben uns auch zu Hause eine heitere Beschäftigung, und so kamen wir gewöhnlich in den Winter hinein ohne es recht gewahr zu werden.

Dieser ländlichen Besitzungen erfreuten wir uns im Frühling 1763 um so mehr, als uns der 15te Februar dieses Jahrs, durch den Abschluß des Hubertsburger Friedens, zum festlichen Tage geworden, unter dessen glücklichen Folgen der größte Teil meines Lebens verfließen sollte. […]

GOETHE AN AUGUSTE GRÄFIN ZU STOLBERG
(FR. 17.⟨-24.⟩5.1776)

d. 17. May. Morgens 8. Guten Morgen Gustgen. Nichts als die's zur Grundlage eines Tagbuchs für dich. Ach du nimmst an dem unsteten Menschen noch Theil, der seit er dir nichts von sich schrieb, seltsame Schicksaale gehabt hat. Ich fühle dass ich Dir nicht alles sagen kann drum mag ich nichts sagen. Adieu! –

In meinem Garten Gustgen gegen 10. hab ein liebes Gärtgen vorm Thore an der Ilm schönen Wiesen in einem Thale. ist ein altes Häusgen drinne, das ich mir repariren lasse. Alles blüht alle Vögel singen. Gustgen und Du bist kranck! –

d. 18. May. Gestern konnt ich dir nichts mehr sagen. Der Husarn Rittmeister kam in meinen Garten, ich ritt um eilf nach dem Lustschloss Belvedere wo ich hinten im Garten eine Einsiedeley anlege, allerley Pläzgen drinn für arme Krancke und bekümmerte Herzen. Ich ass mit dem Herzog, nach Tisch ging ich zur Frau v. Stein einem Engel von einem Weibe, frag die Brüder, der ich so offt die Beruhigung meines Herzens und manche der reinsten Glückseeligkeiten zu verdancken habe. der ich noch nichts von dir erzählt habe, das mir viel Gewalt gekostet hat, heut aber will ich's thun will ich tausend Sachen von Gustgen sagen. Wir gingen in meinen Garten spazieren. Ihr Mann, ihre Kinder, ihr Bruder, ein paar Fräul. Ilten. es kamen mehr zu uns wir gingen spazieren, begegneten der Herzoginn

Mutter und dem Prinzen, die sich zu uns ⟨gesellten⟩. Wir waren ganz vergnügt. Ich verlies die Gesellschafft, ging noch einen Augenblick zum Herzog und ass mit Fr. v. Stein zu Nacht. Nun ists wieder schöner heitrer Tag. Soviel iezt. halb 9. 12 Uhr in meinem Garten. da lass ich mir von den Vögeln was vorsingen, und zeichne Rasenbänke die ich will anlegen lassen, damit Ruhe über meine Seele komme, und ich wieder von vorne mög anfangen zu tragen und zu leiden. Gustgen könnt ich dir von meiner Lage sagen! die erwünschteste für mich, die glücklichste, und dann wieder – Ich sagte immer in meiner Jugend zu mir da so viel tausend Empfindungen das schwankende Ding bestürmten: Was das Schicksal mit mir will, dass es mich durch all die Schulen gehn lässt, es hat gewiss vor mich dahin zu stellen wo mich die gewöhnlichen Qualen der Menschheit gar nicht mehr anfechten müssen. Und iezt noch ich seh alles als Vorbereitung an. Ich hab das ausgestrichen weils dunkel und unbestimmt gesagt war. Nach Tische mehr.

Sonnabends Nachts 10 in meinem Garten. Ich habe meinen Philipp nach Hause geschickt und will allein hir zum erstenmal schlafen. Und so meinen Schlaf einweihen dass ich dir schreibe. Die Maurer haben gearbeit biss Nacht ich wollt sie aus dem Haus haben, wollte – o ich kann dir nicht ins Detail gehn. Den ganzen Nachmittag war die Herzoginn Mutter da und der Prinz und waren guten lieben Humors, und ich hab denn so herum gehausvatert, wie alles weg war, ein Stück kalten Braten gessen und mit meinem Philipp, |:lass dir von den Brüdern was von ihm erzählen:|

von seiner und meiner Welt geschwäzzt, war ruhig und bin's und hoffe gut zu schlaffen zu holdem Erwachen. Gute Nacht! beste. – Es geht gegen eilf ich hab noch gesessen und einen englischen Garten gezeichnet. Es ist eine herrliche Empfindung dahausen im Feld allein zu sizzen. Morgen frühe wie schön. Alles ist so still. Ich höre nur meine Uhr dacken, und den Wind und das Wehr von ferne gute Nacht. – Sonntag früh d. 19. Guten Morgen! ein trüber aber herrlicher Tag. Ich habe lang geschlafen wachte aber gegen vier auf, wie schön war das grün dem Auge das sich halbtruncken auf that. da schlief ich wieder ein. Nachts 10. Im Garten versteht sich iezt von selbst. ging um eilf heut früh in die Stadt steckte mich in erbaare Kleider, machte eine Visite, ging zum Herzog, einen Augenblick zur Herzoginn Mutter, wir haben Italiäners hier die uns gute Güsse der Antiken schaffen, dann bey Fr. v. St. zu Tisch, wir hatten Lust uns zu necken, um vier zu Wieland in Garten wo der Mahler Krause dazu kam. Beyde mit mir in meinen Garten. Sie verliesen mich ich las Guiberts Tacktick, da kam der Herzog und der Prinz mit noch zween Guten Geistern. Wir schwazzten und trieben allerley. Fr. von Stein mit ihrer Mutter kam von Oberweimar herunter spazieren wir begleiteten sie, kehrten um, der Prinz verlies uns auch, ich erzählte dem Herzog eine Geschichte eines meiner Freunde der sich wunderlich durch die Welt schlagen musste, begleitet ihn nach der Stadt, und kam allein zurück. Hir treu mein Tag. lieb Gustgen. Ich hab so viel gedacht! dass ich's doch nur nicht so hinsagen kann.

Montag d. 20. Süsser Morgen. Arbeiter in meinem Garten. Allerley beschäfftigungen! – – – –

Bey der Herzoginn Mutter gessen Nach Tische ging alles nach Tiefurt wo der Prinz sich hat ein Pachtgut artig zurecht machen lassen. Die Bauern empfingen ihn mit Musick, Böllern, ländlichen Ehrenpforten, Kränzlein, Kuchen, Tanz, Feuerwerkspuffen Serenade und s. w. wir waren vergnügt ich hatte das Glück alles sehr schön zu sehen. Und nun bin ich im Garten hab eine Viertelstunde nach dem Feuerzeug getappt und mich geärgert und bin so froh dass ich iezt Licht habe Dir das zu schreiben. dadrüben auf dem Schlosse sah ich viel Licht indess ich nach Einem Funcken schnappte, und wusste doch dass der Herzog gern mit mir getauscht hätte, wenn er's in dem Augenblick hätte wissen können.

[…] Dienstag d. 21. früh 6 aufgestanden herrlicher kühler Sonnenmorgen. Arbeiter im Garten. Ein Jäger bringt mir einen iungen Fuchs.

Mittwoch d. 22. um 10 Uhr. Gestern wieder nach Tifurth die regierende Herzoginn war dort. Der Herzog und noch einige blieben die Nacht drausen, heut früh ritten wir herein dem Maneuvre der Husaren zuzusehn und nun bin ich wieder in meinem Garten.

Freytag d. 24 Morgens eilf in der Stadt. Habe viel ausgestanden die Zeit. Mittw. Nachmittag brach ein Feuer aus im Hazfeldischen 5 Stunden von hier der Herzog ritt hinaus biss wir hin kamen lag das ganze Dorf nieder, es war nur noch um Trümmern zu retten und die Schul und die Kirche. Es war ein groser Anblick ich stand auf einem Hause wo das Dach herunter war und wo unsre Schlauchsprizze nur das untre noch erhalten sollte, und sieh Gustgen und hinter und vor und neben mir feine Glut, nicht Flamme, tiefe hohlaugige *Glut* des niedergesuncknen Orts, und der Wind drein und dann wieder da eine auffahrende Flamme, und die herrlichen alten Bäume um's ort inwendig in ihren hohlen Stämmen glühend und der rothe dampf in der Nacht und die Sterne roth und der neue Mond sich verbergend in Wolcken. Wir kamen erst Nachts zwey wieder nach Hause. Gestern Donnerst. d. 23 ist mir auch wieder wunderbaars Wesen um den Kopf gezogen – Was wirds werden, ich hab eben noch viel auszustehen, das ists was ich in allen drangsaalen meiner Jugend fühlte, aber gestählt bin ich auch, und will ausdauern bis ans Ende. Adieu. Nun hörst du wieder eine Weile nichts von mir. Schreib mir aber wann dichs freut. Friz soll kommen wann er gerne mag der Herzog hat ihn lieb wünscht ihn ie eher ie lieber, will ihn aber nicht engen. Adieu. Ich bin ewig derselbe.   G.

An meine Schwester die Addresse.

Frau Hofrath Schlosser

fr. Rheinhausen   nach Emmedingen im Brisgau

CHARLOTTE VON STEIN AN
J. G. ZIMMERMANN (AB DO. 14. 3. 1776)

[...] Goethe, und Wieland, haben sich alle beide hier Gärdens gekauft, sind aber nicht Nachbarn sondern liegen an verschiedne Tore, in Goethens Garden hab ich schon einmal Caffé getrunken und von seinen Spargel gegessen den er selbst gestochen und in seinen Ziehbrunnen gewaschen Hatte, in Goethens Garden ist die schönste Aussicht die hier zu haben ist, er liegt an einen Berg und unten ist Wiese die von einen kleinen Fluß durchschlungen wird. Gute Nacht lieber Zimmerman, ich bitt um vergebung wegen vielen unnützen Zeug daß ich geschwätz habe.

v. Stein geb. von Schardt.

ECKERMANN:
GESPRÄCHE MIT GOETHE

Montag den 22. März 1824

Mit Goethe vor Tisch nach seinem Garten gefahren.

Die Lage dieses Gartens, jenseits der Ilm, in der Nähe des Parks, an dem westlichen Abhange eines Hügelzuges, hat etwas sehr Trauliches. Vor Nord- und Ostwinden geschützt, ist er den erwärmenden und belebenden Einwirkungen des südlichen und westlichen Himmels offen, welches ihn, besonders im Herbst und Frühling, zu einem höchst angenehmen Aufenthalte macht.

Der in nordwestlicher Richtung liegenden Stadt ist man so nahe, daß man in wenigen Minuten dort sein kann, und doch, wenn man umherblickt, sieht man nirgend ein Gebäude oder eine Turmspitze ragen, die an eine solche städtische Nähe erinnern könnte; die hohen dichten Bäume des Parks verhüllen alle Aussicht nach jener Seite. Sie ziehen sich links, nach Norden zu, unter dem Namen des Sternes, ganz nahe an den Fahrweg heran, der unmittelbar vor dem Garten vorüberführt.

Gegen Westen und Südwesten blickt man frei über eine geräumige Wiese hin, durch welche, in der Entfernung eines guten Pfeilschusses, die Ilm in stillen Windungen vorbeigeht. Jenseits des Flusses erhebt sich das Ufer gleichfalls hügelartig, an dessen Abhängen und auf dessen Höhe, in den mannigfaltigen Laub-Schattierungen hoher Erlen, Eschen, Pappelweiden und Birken, der sich breit hinziehende Park grünet, indem er den Horizont gegen Mittag und Abend in erfreulicher Entfernung begrenzet.

Diese Ansicht des Parkes über die Wiese hin, besonders im Sommer, gewährt den Eindruck, als sei man in der Nähe eines Waldes, der sich Stundenweit ausdehnt. Man denkt, es müsse jeden Augenblick ein Hirsch, ein Reh auf die Wiesenfläche hervorkommen. Man fühlt sich in den Frieden tiefer Natureinsamkeit versetzt, denn die große Stille ist oft durch nichts unterbrochen, als durch die einsamen Töne der Amsel oder durch den pausenweise abwechselnden Gesang einer Walddrossel.

Aus solchen Träumen gänzlicher Abgeschiedenheit erwecket uns jedoch das gelegentliche Schlagen der Turmuhr, das Geschrei der Pfauen von der Höhe des Parks herüber, oder das Trommeln und Hörnerblasen des Militärs der Kaserne. Und zwar nicht unangenehm; denn es erwacht mit solchen Tönen das behagliche Nähegefühl der heimatlichen Stadt, von der man sich meilenweit versetzt glaubte.

Zu gewissen Tages- und Jahres-Zeiten sind diese Wiesenflächen nichts weniger als einsam. Bald sieht man Landleute, die nach Weimar zu Markt oder in Arbeit gehen und von dort zurückkommen; bald Spaziergänger aller Art längs den Krümmungen der Ilm, besonders in der Richtung nach Oberweimar, das zu gewissen Tagen ein sehr besuchter Ort ist. Sodann die Zeit der Heuernte belebt diese Räume auf das Heiterste. Hinterdrein sieht man weidende Schafherden, auch wohl die stattlichen Schweizerkühe der nahen Ökonomie.

Heute jedoch war von allen diesen die Sinne erquicken-
den Sommer-Erscheinungen noch keine Spur. Auf den
Wiesen waren kaum einige grünende Stellen sichtbar, die
Bäume des Parks standen noch in braunen Zweigen und
Knospen; doch verkündigte der Schlag der Finken, so wie
der hin und wieder vernehmbare Gesang der Amsel und
Drossel das Herannahen des Frühlings.

Die Luft war sommerartig, angenehm; es wehte ein sehr
linder Südwestwind. Einzelne kleine Gewitterwolken zo-
gen am heitern Himmel herüber, sehr hoch bemerkte man
sich auflösende Zirrus-Streifen. Wir betrachteten die Wol-
ken genau und sahen, daß sich die ziehenden geballten der
untern Region gleichfalls auflösten, woraus Goethe schloß,
daß das Barometer im Steigen begriffen sein müsse.

Goethe sprach darauf sehr viel über das Steigen und Fallen des Barometers, welches er die Wasserbejahung und
Wasserverneinung nannte. Er sprach über das Ein- und Aus-
atmen der Erde nach ewigen Gesetzen; über eine mögliche
Sündflut bei fortwährender Wasserbejahung. Ferner: daß
jeder Ort seine eigene Atmosphäre habe, daß jedoch in
den Barometerständen von Europa eine große Gleichheit
Statt finde. Die Natur sei inkommensurabel, und bei den
großen Irregularitäten sei es sehr schwer das Gesetzliche
zu finden.

Während er mich so über höhere Dinge belehrte, gingen
wir in dem breiten Sandwege des Gartens auf und ab. Wir
traten in die Nähe des Hauses, das er seinem Diener aufzu-
schließen befahl, um mir später das Innere zu zeigen. Die

weißabgetünchten Außenseiten sah ich ganz mit Rosen-
stöcken umgeben, die, von Spalieren gehalten, sich bis zum
Dach hinaufgerankt hatten. Ich ging um das Haus herum
und bemerkte zu meinem besonderen Interesse an den
Wänden in den Zweigen des Rosengebüsches eine große
Zahl mannigfaltiger Vogelnester, die sich von vorigem Sommer her erhalten hatten und jetzt bei mangelndem Laube
den Blicken frei standen. Besonders Nester der Hänflinge
und verschiedener Art Grasemücken, wie sie höher oder
niedriger zu bauen Neigung haben.

Goethe führte mich darauf in das Innere des Hauses, das
ich vorigen Sommer zu sehen versäumt hatte. Unten fand
ich nur *ein* wohnbares Zimmer, an dessen Wänden einige
Karten und Kupferstiche hingen; desgleichen ein farbiges
Porträt Goethes in Lebensgröße und zwar von *Meyer* gemalt
bald nach der Zurückkunft beider Freunde aus Italien.
Goethe erscheint hier im kräftigen mittleren Mannesalter,
sehr braun und etwas stark. Der Ausdruck des wenig beleb-
ten Gesichtes ist sehr ernst; man glaubt einen Mann zu sehen, dem die Last künftiger Taten auf der Seele liegt.

Wir gingen die Treppe hinauf in die oberen Zimmer; ich
fand deren drei und ein Cabinetchen, aber alle sehr klein
und ohne eigentliche Bequemlichkeit. Goethe sagte, daß
er in früheren Jahren hier eine ganze Zeit mit Freuden gewohnt und sehr ruhig gearbeitet habe.

Die Temperatur dieser Zimmer war etwas kühl und wir
trachteten wieder nach der milden Wärme im Freien. In
dem Hauptwege in der Mittagssonne auf- und abgehend,

kam das Gespräch auf die neueste Literatur, auf Schelling, und unter andern auch auf einige neue Schauspiele von Platen.

Bald jedoch kehrte unsere Aufmerksamkeit auf die uns umgebende nächste Natur zurück. Die Kaiserkronen und Lilien sproßten schon mächtig, auch kamen die Malven zu beiden Seiten des Weges schon grünend hervor.

Der obere Teil des Gartens, am Abhange des Hügels, liegt als Wiese mit einzelnen zerstreut stehenden Obstbäumen. Wege schlängeln sich hinauf, längs der Höhe hin und wieder herunter, welches einige Neigung in mir erregte mich oben umzusehen. Goethe schritt, diese Wege hinansteigend, mir rasch voran und ich freute mich über seine Rüstigkeit.

Oben an der Hecke fanden wir eine Pfauhenne, die vom fürstlichen Park herübergekommen zu sein schien; wobei Goethe mir sagte, daß er in Sommertagen die Pfauen durch ein beliebtes Futter herüberzulocken und herzugewöhnen pflege.

An der anderen Seite den sich schlängelnden Weg herabkommend, fand ich von Gebüsch umgeben einen Stein mit den eingehauenen Versen des bekannten Gedichtes:

»Hier im Stillen gedachte der Liebende seiner Geliebten« und ich hatte das Gefühl, daß ich mich an einer klassischen Stelle befinde.

Ganz nahe dabei kamen wir auf eine Baumgruppe halbwüchsiger Eichen, Tannen, Birken und Buchen. Unter den Tannen fand ich ein herabgeworfenes Gewölle eines Raubvogels; ich zeigte es Goethen, der mir erwiderte, daß er dergleichen an dieser Stelle häufig gefunden, woraus ich schloß, daß diese Tannen ein beliebter Aufenthalt einiger Eulen sein mögen, die in dieser Gegend häufig gefunden werden.

Wir traten um die Baumgruppe herum und befanden uns wieder an dem Hauptwege in der Nähe des Hauses. Die so eben umschrittenen Eichen, Tannen, Birken und Buchen, wie sie untermischt stehen, bilden hier einen Halbkreis, den innern Raum grottenartig überwölbend, worin wir uns auf kleinen Stühlen setzten die einen runden Tisch umgaben. Die Sonne war so mächtig, daß der geringe Schatten dieser blätterlosen Bäume bereits als eine Wohltat empfunden ward. »Bei großer Sommerhitze, sagte Goethe, weiß ich keine bessere Zuflucht als diese Stelle. Ich habe die Bäume vor vierzig Jahren alle eigenhändig gepflanzt, ich habe die Freude gehabt, sie heranwachsen zu sehen und genieße nun schon seit geraumer Zeit die Erquickung ihres Schattens. Das Laub dieser Eichen und Buchen ist der mächtigsten Sonne undurchdringlich; ich sitze hier gerne an warmen Sommertagen nach Tische, wo denn auf diesen Wiesen und auf dem ganzen Park umher oft eine Stille herrscht, von der die Alten sagen würden: *daß der Pan schlafe.*«

Indessen hörten wir es in der Stadt zwei Uhr schlagen und fuhren zurück.

Padua, den 27. September.

[...] Der botanische Garten ist desto artiger und munterer.
Es können viele Pflanzen auch den Winter im Lande bleiben, wenn sie an Mauern oder nicht weit davon gesetzt
sind. Man überbaut alsdann das Ganze zu Ende des Okto-
bers, und heizt die wenigen Monate. Es ist erfreuend und
belehrend unter einer Vegetation umherzugehen die uns
fremd ist. Bei gewohnten Pflanzen, so wie bei andern längst
bekannten Gegenständen, denken wir zuletzt gar nichts,
und was ist Beschauen ohne Denken. Hier in dieser neu
mir entgegen tretenden Mannigfaltigkeit, wird jener Gedanke immer lebendiger: daß man sich alle Pflanzengestalten vielleicht aus Einer entwickeln könne. Hiedurch würde
es allein möglich werden, Geschlechter und Arten wahrhaft
zu bestimmen, welches, wie mich dünkt, bisher sehr will-
kürlich geschieht. Auf diesem Punkte bin ich in meiner botanischen Philosophie stecken geblieben und ich sehe noch
nicht, wie ich mich entwirren will. Die Tiefe und Breite dieses Geschäfts scheint mir völlig gleich. [...]

Rom den 2. Dezember 1786.

[...] Von da schlichen wir, fast bei zu warmem Sonnenschein, auf die Villa Pamfili, wo sehr schöne Gartenpartien
sind, und blieben bis an den Abend. Eine große mit immer-
grünen Eichen und hohen Pinien eingefaßte, flache Wiese,

war ganz mit Maßlieben übersäet, die ihre Köpfchen alle nach der Sonne wendeten, nun gingen meine botanischen Spekulationen an, denen ich den andern Tag auf einem Spaziergange nach dem Monte Mario, der Villa Melini und Villa Madama weiter nachhing. Es ist gar interessant zu bemerken, wie eine lebhaft fortgesetzte und durch starke Kälte nicht unterbrochene Vegetation wirkt, hier gibt's keine Knospen, und man lernt erst begreifen was eine Knospe sei. Der Erdbeerbaum (arbutus unedo) blüht jetzt wieder, indem seine letzten Früchte reif werden, und so zeigt sich der Orangenbaum mit Blüten, halb und ganz reifen Früchten (doch werden letztere Bäume, wenn sie nicht zwischen Gebäuden stehen, nun bedeckt). Über die Zypresse, den respektabelsten Baum, wenn er recht alt und wohl gewachsen ist, gibt's genug zu denken. Ehstens werd' ich den botanischen Garten besuchen, und hoffe da manches zu erfahren. Überhaupt ist mit dem neuen Leben, das einem nachdenkenden Menschen die Betrachtung eines neuen Landes gewährt, nichts zu vergleichen. Ob ich gleich noch immer derselbe bin; so mein' ich bis aufs innerste Knochenmark verändert zu sein.

Für diesmal schließ' ich, und werde das nächste Blatt einmal ganz von Unheil, Mord, Erdbeben und Unglück anfüllen, daß doch auch Schatten in meine Gemälde komme.

Palermo, Sonnabend den 7. April 1787.
In dem öffentlichen Garten, unmittelbar an der Reede, brachte ich im Stillen die vergnügtesten Stunden zu. Es ist der wunderbarste Ort von der Welt. Regelmäßig angelegt, scheint er uns doch feenhaft; vor nicht gar langer Zeit gepflanzt, versetzt er ins Altertum. Grüne Beeteinfassungen umschließen fremde Gewächse, Zitronenspaliere wölben sich zum niedlichen Laubengange, hohe Wände des Oleanders, geschmückt von tausend roten nelkenhaften Blüten, locken das Auge. Ganz fremde mir unbekannte Bäume, noch ohne Laub, wahrscheinlich aus wärmern Gegenden, verbreiten seltsame Zweige. Eine hinter dem flachen Raum erhöhte Bank läßt einen so wundersam-verschlungenen Wachstum übersehen und lenkt den Blick zuletzt auf große Bassins, in welchen Gold- und Silberfische sich gar lieblich bewegen, bald sich unter bemooste Röhren verbergen, bald wieder scharenweis, durch einen Bissen Brot gelockt, sich versammeln. An den Pflanzen erscheint durchaus ein Grün das wir nicht gewohnt sind, bald gelblicher, bald blaulicher als bei uns. Was aber dem Ganzen die wundersamste Anmut verlieh, war ein starker Duft der sich über alles gleichförmig verbreitete, mit so merklicher Wirkung, daß die Gegenstände, auch nur einige Schritte hinter einander entfernt, sich entschiedener hellblau von einander absetzten, so daß ihre eigentümliche Farbe zuletzt verloren ging, oder wenigstens sehr überbläut sie sich dem Auge darstellten.

Welche wundersame Ansicht ein solcher Duft entfernteren Gegenständen, Schiffen, Vorgebirgen erteilt, ist für ein malerisches Auge merkwürdig genug, indem die Distanzen genau zu unterscheiden, ja zu messen sind; deswegen auch ein Spaziergang auf die Höhe höchst reizend ward. Man sah keine Natur mehr, sondern nur Bilder, wie sie der künstlichste Maler durch Lasieren auseinander gestuft hätte.

Aber der Eindruck jenes Wundergartens war mir zu tief geblieben; die schwärzlichen Wellen am nördlichen Horizonte, ihr Anstreben an die Buchtkrümmungen, selbst der eigene Geruch des dünstenden Meeres, das alles rief mir die Insel der seligen Phäaken in die Sinne so wie ins Gedächtnis. Ich eilte sogleich einen Homer zu kaufen, jenen Gesang mit großer Erbauung zu lesen und eine Übersetzung aus dem Stegreif Kniepen vorzutragen, der wohl verdiente, bei einem guten Glase Wein, von seinen strengen heutigen Bemühungen behaglich auszuruhen.

Palermo, Dienstag den 17. April 1787.
Es ist ein wahres Unglück wenn man von vielerlei Geistern verfolgt und versucht wird! Heute früh ging ich mit dem festen, ruhigen Vorsatz meine dichterischen Träume fortzusetzen nach dem öffentlichen Garten, allein, eh ich michs versah, erhaschte mich ein anderes Gespenst, das mir schon diese Tage nachgeschlichen. Die vielen Pflanzen, die ich sonst nur in Kübeln und Töpfen, ja die größte Zeit des Jahres nur hinter Glasfenstern zu sehen gewohnt war, stehen hier froh und frisch unter freiem Himmel und, indem sie ihre Bestimmung vollkommen erfüllen, werden sie uns deut-

licher. Im Angesicht so vielerlei neuen und erneuten Gebildes fiel mir die alte Grille wieder ein: ob ich nicht unter dieser Schar die Urpflanze entdecken könnte? Eine solche muß es denn doch geben! Woran würde ich sonst erkennen, daß dieses oder jenes Gebilde eine Pflanze sei, wenn sie nicht alle nach einem Muster gebildet wären.

Ich bemühte mich zu untersuchen, worin denn die vielen abweichenden Gestalten von einander unterschieden seien. Und ich fand sie immer mehr ähnlich als verschieden und wollte ich meine botanische Terminologie anbringen, so ging das wohl, aber es fruchtete nicht, es machte mich unruhig, ohne daß es mir weiter half. Gestört war mein guter poetischer Vorsatz, der Garten des Alcinous war verschwunden, ein Weltgarten hatte sich aufgetan. Warum sind wir Neueren doch so zerstreut, warum gereizt zu Foderungen die wir nicht erreichen noch erfüllen können!

Neapel den 17 Mai 1787.
Ferner muß ich dir vertrauen, daß ich dem Geheimnis der Pflanzenzeugung und Organisation ganz nahe bin, und daß es das Einfachste ist was nur gedacht werden kann. Unter diesem Himmel kann man die schönsten Beobachtungen machen. Den Hauptpunkt wo der Keim steckt, habe ich ganz klar und zweifellos gefunden, alles Übrige seh' ich auch schon im Ganzen und nur noch einige Punkte müssen bestimmter werden. Die Urpflanze wird das wunderlichste Geschöpf von der Welt, um welches mich die Natur selbst

beneiden soll. Mit diesem Modell und dem Schlüssel dazu, kann man alsdann noch Pflanzen in's Unendliche erfinden, die konsequent sein müssen, das heißt: die, wenn sie auch nicht existieren, doch existieren könnten und nicht etwa malerische oder dichterische Schatten und Scheine sind, sondern eine innerliche Wahrheit und Notwendigkeit haben. Dasselbe Gesetz wird sich auf alles übrige Lebendige anwenden lassen.

Soviel aber sei hier, ferneres Verständnis vorzubereiten, kürzlich ausgesprochen: Es war mir nämlich aufgegangen, daß in demjenigen Organ der Pflanze, welches wir als Blatt gewöhnlich anzusprechen pflegen, der wahre Proteus verborgen liege, der sich in allen Gestaltungen verstecken und offenbaren könne. Vorwärts und rückwärts ist die Pflanze immer nur Blatt, mit dem künftigen Keime so unzertrennlich vereint, daß man eins ohne das andere nicht denken darf. Einen solchen Begriff zu fassen, zu ertragen, ihn in der Natur aufzufinden ist eine Aufgabe, die uns in einen peinlich süßen Zustand versetzt.

STÖRENDE NATURBETRACHTUNGEN

Wer an sich erfahren hat, was ein reichhaltiger Gedanke heißen will, er sei nun aus uns selbst entsprungen, oder von andern mitgeteilt und eingeimpft, wird gestehen was dadurch für eine leidenschaftliche Bewegung in unserm Geiste hervorgebracht werde, wie wir uns begeistert fühlen, indem wir alles dasjenige in Gesamtheit vorausahnen, was in der Folge sich mehr und mehr entwickeln, wozu das Entwickelte weiter führen soll. Dieses bedenkend wird man mir zugestehen, daß ich von einem solchen Gewahrwerden wie von einer Leidenschaft eingenommen und getrieben worden, und, wo nicht ausschließlich, doch durch alles übrige Leben hindurch mich damit beschäftigen müssen.

So sehr nun auch diese Neigung mich innerlichst ergriffen hatte, so war doch an kein geregeltes Studium nach meiner Rückkehr in Rom zu denken; Poesie, Kunst und Altertum, jedes forderte mich gewissermaßen ganz, und ich habe in meinem Leben nicht leicht operosere, mühsamer beschäftigte Tage zugebracht. Männern vom Fach wird es vielleicht gar zu naiv vorkommen, wenn ich erzähle, wie ich tagtäglich, in einem jeden Garten, auf Spaziergängen, kleinen Lustfahrten, mich der neben mir bemerkten Pflanzen bemächtigte. Besonders bei der eintretenden Samenreife war es mir wichtig zu beobachten, wie manche davon an das Tageslicht hervortraten. So wendete ich meine Aufmerksamkeit auf das Keimen des während seines Wachstums unförmlichen Cactus opuntia, und sah mit Vergnügen daß er ganz unschuldig dikotyledonisch sich in zwei zarten Blättchen enthüllte, sodann aber bei fernerem Wuchse sich die künftige Unform entwickelte.

Auch mit Samenkapseln begegnete mir etwas Auffallendes; ich hatte derselben mehrere von Acanthus mollis nach Hause getragen und in einem offenen Kästchen niedergelegt; nun geschah es in einer Nacht, daß ich ein Knistern hörte und bald darauf das Umherspringen an Decke und Wände wie von kleinen Körpern. Ich erklärte mir's nicht gleich, fand aber nachher meine Schoten aufgesprungen und die Samen umher zerstreut. Die Trockne des Zimmers hatte die Reife bis zu solcher Elastizität in wenigen Tagen vollendet.

Unter den vielen Samen, die ich auf diese Weise beobachtete, muß ich einiger noch erwähnen, weil sie zu meinem Andenken kürzer oder länger in dem alten Rom fortwuchsen. Pinienkerne gingen gar merkwürdig auf, sie huben sich wie in einem Ei eingeschlossen empor, warfen aber diese Haube bald ab und zeigten in einem Kranze von grünen Nadeln schon die Anfänge ihrer künftigen Bestimmung.

Galt das Bisherige der Fortpflanzung durch Samen, so ward ich auf die Fortpflanzung durch Augen nicht weniger aufmerksam gemacht, und zwar durch Rat Reifenstein, der auf allen Spaziergängen, hier und dort einen Zweig abreißend, bis zur Pedanterie behauptete: in die Erde gesteckt müsse jeder sogleich fortwachsen. Zum entscheidenden Beweis zeigte er dergleichen Stecklinge gar wohl angeschlagen in seinem Garten. Und wie bedeutend ist nicht in der Folgezeit eine solche allgemein versuchte Vermehrung für die botanische Gärtnerei geworden, die ich ihm wohl zu erleben gewünscht hätte.

Am auffallendsten war mir jedoch ein strauchartig in die Höhe gewachsener Nelkenstock. Man kennt die gewaltige Lebens- und Vermehrungskraft dieser Pflanze; Auge ist über Auge an ihren Zweigen gedrängt, Knoten in Knoten

hineingetrichtert; dieses wird nun hier durch Dauer gesteigert und die Augen aus unerforschlicher Enge zur höchst
möglichen Entwickelung getrieben, so daß selbst die vollendete Blume wieder vier vollendete Blumen aus ihrem Busen hervorbrachte.

Zu Aufbewahrung dieser Wundergestalt kein Mittel vor
mir sehend, unternahm ich es sie genau zu zeichnen, wobei
ich immer zu mehrerer Einsicht in den Grundbegriff der
Metamorphose gelangte. Allein die Zerstreuung durch so
vielerlei Obliegenheiten ward nur desto zudringlicher, und
mein Aufenthalt in Rom, dessen Ende ich voraussah, immer peinlicher und belasteter.

ÜBER DIE VERSCHIEDENEN
ZWEIGE DER HIESIGEN THÄTIGKEIT.
EIN VORTRAG.

[...] Betrachten wir zunächst die Gärtnerei, so finden wir diese besonders begünstigt. Die Parkanlage ist eine der gelobtesten in Deutschland, sie wird von den Einheimischen mit Vergnügen, von den Fremden mit Bewunderung besucht. Wohlgewählte Kupfer, Zeichnungen und Beschreibungen werden sie immer bekannter und angenehmer machen.

Auch durch sie hat die Botanik manches gewonnen, indem sie die Cultur fremder Pflanzen nothwendig machte.

Die Kenntnisse, der Fleiß und der ausgebreitete Handel des Garten-Inspector Reicherts, die weiten Reisen seines Sohns haben kein geringes Verdienst um die hiesige Gegend.

Von dem neuen botanischen Institut zu Jena läßt sich unter Aufsicht des Herrn Professor Batsch das Beste hoffen.

Wie unser Forstwesen zuerst eingerichtet worden und wie es erhalten wird, verdient von einem jeden gekannt zu werden, zu einer Zeit, in welcher die Holzconsumtion immer stärker wird und man gegründete und ungegründete Sorgen für die Zukunft gar oft hören muß.

Bei den Forstpflanzungen würden wir unseres trefflichen, zu früh abgeschiedenen Wedels gedenken und so an den Pflanzungen der einzelnen Besitzer und Gemeinden, an den bestehenden Baumschulen und an allem übrigen

Gartenwesen Theil nehmen. Besonders verdiente die seit mehrern Jahren stark getriebene Gemüsgärtnerei eine allgemeine Übersicht und eine ökonomische Berechnung.

Wir finden auch hier literarische Bemühungen, die diesen Anstalten zu Hülfe kommen. So werden wir den Obstgärtner, den Blumengarten, die Obstkabinette zu Verbreitung dieser nützlichen und angenehmen Kenntnisse vieles beitragen sehen. [...]

CHRISTIANE VULPIUS AN GOETHE

(Weimar, 11.4.1795)

Hier folgen 6 Bouteillen[1] Wein. Ich hätte mir nicht gedacht, daß Du so lange in Jena bleiben würdest. Den Dienstag oder Mittewoch komme ich mit dem Bübchen, der freut sich sehr. Das Kind hat sein Väterchen sehr lieb, aber das Mütterchen auch. Ich freu mich auch, Dir näher zu kommen. Daß ich nicht ehr kam, ist die Ursache, weil ich es dann den Leuten erst gewiß schreiben muß, wenn mir kommen wollen, und habe auch noch viel auf dem Acker und Gärten zu besorgen; im untern Garten hoffe ich in 8 Tagen so, daß er so ziemlich in Ordnung sein [wird], im Hausgarten sieht es auch recht gut aus. Wenn Du rüberkommst, kann ich Dir von dem Blattkohl vorsetzen. Du wirst Dich wundern, wie schön er steht, die 2 Länder am Altärchen. Der Garten macht mir viel Freude, ich komme beinahe nicht weg. Heute will ich in [den] alten Garten und alsdann in die Komödie. Leb wohl und behalt mich [lieb] und mache ja nicht so viel Äugelchen. Mit mir ist nichts zu befürchten, denn ich sehe erbärmlich aus und habe Dich auch gar sehr lieb. Ich freue mich recht sehr auf die Reise.

Adieu, mein Lieber, Dieß Journal schicke wieder, wenn Du es gelesen, die sechs Exemplare von ›Wilhelm‹ will ich mitbringen oder Herr M[eyer].

1 Pudeljen.

44

AUGUST GOETHE AN SEINEN VATER
(31.3.1798)

[*Beilage:* August]

Lieber Vater!

Ich danke Ihnen für den schönen Brief, den Sie mir vorigen Mittwoch geschickt haben. An eben diesem Tage gingen wir des Nachmittags in den alten Garten und machten uns das Vergnügen, mein kleines Gärtchen umzugraben. Wir hatten aber kaum eine halbe Stunde gehackt und gegraben, als es mit einemmal heftig zu graupeln anfing, so daß wir geschwind in das Gartenhaus laufen und lange warten mußten, ehe es zu graupeln aufhörte und wir trocken nach Hause kommen konnten. Auch muß ich Ihnen, lieber Vater! die Neuigkeit schreiben, daß ich meinen Brief an die liebe Großmama geendigt habe. Wollen Sie ihn lesen, so sein Sie so gütig und lassen mir es wissen, daß ich Ihnen denselben nach Jena sende. Leben Sie wohl und behalten Sie mich recht lieb.

August Goethe.

AUGUST GOETHE AN SEINEN VATER
(30. 5. 1798)

[*Beilage:* August]

Lieber Vater!

Sie kommen doch bald wieder nach Weimar? ich sehne mich recht sehr nach Ihnen, besonders des Abends, weil ich gewöhnlich um diese Zeit bei Ihnen bin. – Gestern habe ich in dem Hausgarten einen sehr schönen Schmetterling gefangen; es ist vermuthlich der Fenchelvogel oder der kleine Schwalbenschwanz, denn er hat gelbe Flügel, welche an ihren Seiten schwarz eingefaßt sind. Der kleine Rühl hat den großen Schwalbenschwanz mit der Hand gefangen, wodurch er aber sehr beschädigt worden ist, denn es waren ihm die beiden Schwänze und ein Flügel ausgerissen, ich habe ihn zuletzt unversehens zertreten. Götze hat mir ein Denkmal in unsern Garten errichtet; er machte an dem großen Birnbaume einen Felsen, den er aus sechs Steinen zusammensetzte, so künstlich, daß er aus der Erde gewachsen zu sein scheint. Vor dem Felsen steht ein Sandstein, der wie ein Rechteck aussieht und glatt zugehauen ist. Auf der oberen Seite desselben hat er gar artig mit einem Nagel meinen Namen eingegraben. Leben Sie wohl und behalten Sie mich lieb.

August Goethe.

GOETHE AN SCHILLER
(21.8.1799)

Mein stilles Leben im Garten trägt immer fort wo nicht viele doch gute Früchte.

Ich habe diese Zeit fleißig Winkelmanns Leben und Schriften studiert. Ich muß mir das Verdienst und die Einwirkung dieses wackern Mannes im Einzelnen deutlich zu machen suchen.

An meinen kleinen Gedichten habe ich fortgefahren zusammen zu stellen und zu korrigieren. Man sieht auch hier daß alles auf das Prinzip ankommt woraus man etwas tut. Jetzt da ich den Grundsatz eines strengeren Silbenmaßes anerkenne, so bin ich dadurch eher gefördert als gehindert. Es bleiben freilich manche Punkte über welche man ins Klare kommen muß. Voß hätte uns schon vor 10 Jahren einen großen Dienst getan, wenn er, in seiner Einleitung zu den Georgiken, über diesen Punkt etwas weniger mystisch geschrieben hätte.

Diese Woche bin ich wider meine Gewohnheit meist bis Mitternacht aufgeblieben, um den Mond zu erwarten den ich durch das Auchische Teleskop mit vielem Interesse betrachte. Es ist eine sehr angenehme Empfindung einen so bedeutenden Gegenstand, von dem man vor kurzer Zeit so gut als gar nichts gewußt, um so viel näher und genauer kennen zu lernen. Das schöne Schröterische Werk, die Selenotopographie, ist freilich eine Anleitung durch welche der Weg sehr verkürzt wird. Die große nächtliche Stille hier außen im Garten hat auch viel Reiz, besonders da man morgens durch kein Geräusch geweckt wird und es dürfte einige Gewohnheit dazu kommen, so könnte ich verdienen in die Gesellschaft der würdigen Lucifugen aufgenommen zu werden.

So eben wird mir Ihr Brief gebracht. Der neue tragische Gegenstand, den Sie angeben, hat auf den ersten Anblick viel Gutes und ich will weiter darüber nachdenken. Es ist gar keine Frage daß wenn die Geschichte das simple Faktum, den nackten Gegenstand her gibt und der Dichter Stoff und Behandlung; so ist man besser und bequemer dran, als wenn man sich des Ausführlichern und Umständlichern der Geschichte bedienen soll; denn da wird man immer genötigt das besondere des Zustands mit aufzunehmen, man entfernt sich vom rein Menschlichen und die Poesie kommt ins Gedränge.

Von Preiszeichnungen ist erst Eine eingegangen, welche in Betrachtung kommt und Lobenswürdige Seiten hat, einige andere sind unter aller Kritik und es fällt einem der durch jenes Rätsel aufgeregte deutsche Pöbel ein.

Wegen des Almanachs müssen wir nun einen Tag nach dem andern hinleben und das mögliche tun. Der dritte Gesang, den ich mit den Frauenzimmern durchgegangen, ist nun in der Druckerei und wir wollen nun dem vierten nachzuhelfen suchen. Es ist immer keine Frage daß das Gedicht viel Anlage und viel Gutes hat, nur bleibt es in der Ausführung zu weit hinter dem zurück was es sein sollte, obgleich

inzwischen daß Sie es nicht gesehen haben viel daran geschehen ist.

Frau von Kalb läßt wirklich ihre Sachen wegschaffen
und das Quartier wird also leer. Freilich wird es nur an je-
mand gegeben werden können, der es aufs ganze Jahr mie-
tet. Indessen müßte man einen Entschluß fassen und wir
hätten von Seiten des Theaters alle Ursache Ihnen diese Expedition zu erleichtern.

Der Bergrat Scherer, der sich zu verheiraten denkt
macht, höre ich, Spekulation darauf; geschähe diese Veränderung, so würde bei Wolzogen die obere Etage leer, wo
Ihre Familie wohnen könnte. Ihnen gäben wir das Thoure-
tische und würden, wenn Sie mit diesem hier zusammen
träfen, für diesen schon ein ander Quartier zu finden wissen. Das muß man denn alles hin und her bedenken und
bereden bis man zur Entschließung genötigt wird. Und
hiermit leben Sie für heute wohl und grüßen Sie Ihre liebe
Frau.

Weimar am 21 August 1799.   G

GOETHE AN KNEBEL
(17. 9. 1799)

Ich habe dir lange mein lieber Freund nicht geschrieben und tue es gleich, da ich mich wieder in meinem und deinem alten Zimmer in Jena befinde. Gewisse Orte behalten sich immer das Recht vor, uns gewisse Eindrücke zu geben, hier bin ich fleißiger und gesammelter als in Weimar ob es mir gleich auch dort an Einsamkeit nicht fehlt.

Ich habe sechs Wochen in meinem alten Garten zugebracht, der jetzt, bei einer Veränderung die mit dem sogenannten Stern vorgenommen worden, viel gewonnen hat und angenehm zu bewohnen ist. Ich muß nur erst das nächste Frühjahr die Wildnis ein wenig bändigen, denn die Bäume und Sträuche, die vor 20 Jahren gesetzt worden, haben dem Boden und dem Hause Licht und Luft fast weggenommen. So kommt es wohl manchmal daß uns unsere eigne Wünsche über den Kopf wachsen.

In der ziemlichen Abgesondertheit, in der ich daselbst lebte, nahm ich meine kleinern Gedichte vor, die etwa seit 10 Jahren das Licht der Welt erblickten. Ich stellte sie zusammen und suchte ihnen sowohl an Gehalt als Form was fehlen mochte zu geben und ich werde noch eine Zeit lang zu arbeiten haben, wenn ich mir genug tun will. Es ist indessen eine angenehme Beschäftigung. [...]

GOETHE AN DIE GROSSHERZOGLICH SÄCHSISCHE LANDES-DIRECTION.

[Concept.]   [17. August 1817.]

Eine Hochansehnliche Großherzoglich Sächsische Landes-Direction hat in No. 76 des vorjährigen weimarischen Wochenblattes eine verehrliche Verfügung gegen die im Parke verübten Frevel publicirt. Man nimmt sich die Freyheit auf ähnliche Unarten in den anstoßenden Promenaden aufmerksam zu machen.

In der Ackerwand steht eine Reihe Castanienbäume; sobald nun die Früchte einigermaßen zu reifen anfangen, werfen die Knaben mit Steinen darnach, ohne sich im mindsten um die Vorübergehenden zu bekümmern.

Ferner wird man nicht nur auf gedachter Straße, sondern auch in den Gärten belästigt; nach Obstbäumen die an der Mauer her stehen werfen unbändige Knaben, bey noch völlig unreifen Früchten, Steine ja Knittel, und der Besitzer, in Gefahr auf eignem Grund und Boden verletzt zu werden, sieht sich in der Hoffnung getäuscht seine Früchte zu genießen.

Ja was ganz seltsam scheinen muß, dasselbe geschieht mitten im Winter an unbelaubten Bäumen, auf denen nicht etwa ein Nest oder sonst etwas zu bemerken ist, welches Aufmerksamkeit oder Begierde erregen könnte. Wie denn der Gensd'armes *Lenger*, dem ich die bis in die Mitte meines Gartens geflogene Steine vorgewiesen habe, bezeugen kann.

Möge es einer hohen Behörde gefallen, diesen, die öffentliche und Privat-Sicherheit gefährdenden Unarten durch weise Anordnung und kräftige Maßregeln für die Zukunft zu begegnen.

Weimar d.   1817.

————

Weil ich nicht gern in meinen Privatangelegenheiten den höheren Behörden beschwerlich falle, so hielt ich Vorstehendes eine Zeitlang zurück; da ich aber nach meiner Rückkunft von Jena, bey gegenwärtig reifenden Früchten, den Unfug immer wachsend antreffe, so seh ich mich genöthigt dieses geziemende Ersuchen endlich abgehen zu lassen. Wobey ich zugleich bewähren kann, daß es eine öffentliche Sache sey: denn indem ich, aus meiner Gartenthüre heraustretend, dergleichen frevelnde Knaben zur Zucht verwies, stimmten mehrere von ihren Krautländern zurückkehrende Menschen in meine Rede mit ein, versichrend: daß sie auf diesem so gangbaren und unvermeidlichen Wege durch solchen beschwerlichen Unfug getroffen und verletzt zu werden öfters in Gefahr geriethen. Weshalb ich denn meinen obigen Vortrag auch im Namen dieser in häuslichen Geschäften, besonders gegenwärtig, nothgedrungen hin- und herwandelnden Personen geneigter Gewährung hochachtungsvoll zu empfehlen nicht länger anstehe.

Weimar d. 15. August 1817.

SCHEMA ZU EINEM AUFSATZE DIE PFLANZENCULTUR IM GROSSHERZOGTHUM WEIMAR DARZUSTELLEN.

Auch diese höchst bedeutende, auffallende Wirkung ist aus einem wahrhaften Leben, einem heitern, freudigen und mehrere Jahre glücklich fortgesetzten Zusammenwirken entsprungen.

Zuerst also von Belvedere, welches zur Freude der Einheimischen, zur Bewunderung der Fremden grünt und blüht.

Die Schloß- und Gartenanlage ward vom Herzog Ernst August 1730 vollendet und zu einem Lustort fürstlicher Hofhaltung gewidmet.

Die Waldungen auf den dahinter liegenden Hügeln wurden durch Spaziergänge, Erholungsplätze und manche romantische Baulichkeiten anmuthig und genießbar.

Eine große Orangerie, und was zu jener Zeit von solchen Gärten gefordert wurde, ward angelegt; daneben eine kleine Menagerie von meistens ausländischen Vögeln. Gärtnerei und Gartenbesorgung wurden in diesem Sinne geleitet und gefördert, einige Treiberei für die Küche war nicht vergessen.

Wie aber die Cultur solcher Pflanzen, nach denen sowohl der Botaniker als der Liebhaber ästhetischer Landschaftsbildung sich umsieht, zuerst gefordert und nach und nach immer weiter ausgebildet worden, hievon läßt sich der Gang und die natürliche Entwickelung ohne Betrachtung und Beherzigung des Schloßbrandes nicht denken.

Die höchsten Herrschaften, einer bequemen und ihrem Zustande gemäßen Wohnung beraubt, in kaum schicklichen Räumen einen interimistischen Aufenthalt findend, wandten sich gegen das Freie, wozu die verschiedenen wohleingerichteten Lustschlösser, besonders auch das heitere Ilmthal bei Weimar und dessen ältere Zier- und Nutzgarten-Anlagen die schönste Gelegenheit darboten.

Der Park in Dessau, als einer der ersten und vorzüglichsten berühmt und besucht, erweckte Lust der Nacheiferung, welche um desto originaler sich hervorthun konnte, als die beiden Localitäten sich nicht im mindesten ähnelten; eine flache, freie, wasserreiche Gegend hatte mit einer hügelig-abwechselnden nichts gemein. Man wußte ihr den eigenen Reiz abzugewinnen, und in Vergleichung beider zu untersuchen was einer jeden zieme, gab die Freundschaft der beiden Fürsten und die öftern wechselseitigen Besuche Anlaß, so wie die Neigung zu ästhetischen Parkanlagen überhaupt durch Hirschfeld auf's höchste gesteigert ward.

Die Anstellung des Hofgärtners Reichert in Belvedere verschaffte gar bald Gelegenheit alle dergleichen Wünsche zu befriedigen; er verstand sich auf die Vermehrung im Großen und betrieb solche nicht nur in Belvedere, sondern legte bald einen eigenen Handelsgarten in der Nähe von Weimar an. Strauch- und Baumpflanzungen vermehrten sich daher in jedem Frühling und Herbste.

Mit der verschönten Gegend wächs't die Neigung, in freier Luft des Lebens zu genießen; kleine, wo nicht verschönernde doch nicht störende, dem ländlichen Aufenthalt gemäße Wohnungen werden eingerichtet und erbaut. Sie geben Gelegenheit zu bequemem Unterkommen von größeren und kleineren Gesellschaften, auch unmittelbaren Anlaß zu ländlichen Festen, wo das abwechselnde Terrain viele Mannichfaltigkeit bot und manche Überraschung begünstigte, da eine heitere Einbildungs- und Erfindungskraft vereinigter Talente sich mannichfaltig hervorthun konnte.

So erweitern sich die Parkanlagen unmittelbar vom Schloß ausgehend, welches auch nach und nach aus seinen Ruinen wieder wohnbar hervorsteigt, erstrecken sich das anmuthige Ilmthal hinauf und nähern sich Belvedere. Die Oberaufsicht, Leitung und Anordnung übernimmt der Fürst selbst, indessen Höchstihro Frau Gemahlin durch ununterbrochene Theilnahme und eigene sorgfältige Pflanzenpflege in die Erweiterung des Geschäftes mit eingreift.

Der Herzogin Amalia Aufenthalt in Ettersburg und Tiefurt trägt nicht wenig zu einem, man dürfte fast sagen, leidenschaftlichen Bedürfniß des Landlebens bei.

Am letztgenannten Orte hatten Prinz Constantin und Major von Knebel schon viele Jahre vorgearbeitet und zu geselligen Festen und Genüssen das anmuthigste Thal der Ilm eingeweihet.

Im Ganzen ist man überall bemüht der Örtlichkeit ihr Recht widerfahren zu lassen, sie möglichst zu benutzen und nichts gegen ihren Charakter zu verfügen.

Im Ernstlichen geht die regelmäßige Forstcultur im Lande fort, damit verbindet sich schon die Erziehung fremder Baumarten.

Große Anpflanzungen und sonstiges Vermehren geschieht durch einsichtige Forstmänner; dadurch gewinnt man an Erfahrung, welche Pflanzen unser Klima ertragen können.

Hier wäre etwas Näheres über die rauhere Lage von Weimar und Belvedere zu sagen; unsere Höhe ist schon bedeutend, die Nähe vom Thüringer Wald, und zwar die Lage desselben in Süden, hat nicht weniger Einfluß; die nordöstlichen und nordwestlichen Zugwinde bedrohen die Vegetation gar öfters.

Der Hofgärtner Reichert geht mit Tode ab, die Cultur der botanischen Parkpflanzen findet sich in Belvedere schon sehr gesteigert. Von dem Vorrathe fällt ein großer Theil dem Fürsten anheim, wegen eines andern Theils wird Übereinkunft getroffen. Reichert der Sohn versetzt das Übrige nach Weimar für eigene Rechnung.

Bemühungen anderer Privaten, besonders des Legationsrath Bertuch, welcher, außer der Cultur seines ansehnlichen Hausgartens und Aufstellung verschiedener Monographien, unter Serenissimi Direction die Details der Parkanlagen sechzehn Jahre verwaltet.

Der Garten-Inspector Sckell wird in Belvedere angestellt. Er und sein Bruder besorgen aufmerksam und treulichst die Anstalt; der Sohn des erstern wird auf Reisen geschickt, deßgleichen mehrere, welche Talent und Thätigkeit zeigen; sie kommen nach und nach zurück mit wichtigen Pflanzentransporten.

Den eigentlichen botanischen Garten dirigiren nach wie

vor Ihro K. H. der Großherzog, Schloß und übrige Lustpartien werden der Fürstlichen Familie eingeräumt.

Die Anschaffung kostbarer botanischer Werke in die öffentliche Bibliothek geht immer fort, ja sie vermehrt und häuft sich.

Eben so die eifrige Vermehrung bedeutender Pflanzen, neben den immerfort ankommenden Fremdlingen, macht die Erweiterung in Belvedere, sowohl auf dem Berg als in dem Thal gegen Mittag gelegen, höchst nöthig. In der letzten Region werden Erdhäuser nach Erfindung Serenisimi angebracht; in der letzten Zeit ein Palmenhaus erbaut, von überraschender Wirkung.

Häuser, worin fremde Pflanzen im Boden stehen bleiben, im Winter bedeckt werden, sogenannte Conservatorien, sind längst errichtet und werden erweitert.

Der Belvederische Pflanzengarten wird ausschließlich zu wissenschaftlichen Zwecken bestimmt, daher der Küchengarten und die Ananas-Cultur und dergleichen in eine Abtheilung des Parks bei Weimar verlegt.

Reisen Serenissimi nach Frankreich, England, den Niederlanden und der Lombardei, Besuch botanischer Gärten und eigene Prüfung der verschiedenen Anstalten und Erfindungen in denselben würden, nachrichtlich mitgetheilt, großes Interesse und Belehrung gewähren, so wie die persönliche Bekanntschaft mit Wissenschafts- und Kunstgenossen überaus förderlich erschien. Höchstdieselben werden, als erstes und ordentliches Mitglied, in die Gesellschaft des Gartenbaues zu London aufgenommen.

Was in Jena geschah darf nicht übergangen werden. Schon vor vielen Jahren hatte der würdige Batsch einen Theil des Fürstengartens, nach dem Familiensystem geordnet, angepflanzt. Diese Einrichtung wurde treulich fortgesetzt durch die Professoren Schelver und Voigt; letzterer bearbeitete den Belvederischen Katalog sowohl als den Jenaischen nach genanntem System; doch kehrt man von Zeit zu Zeit, wegen des unmittelbaren Verkaufes und Tausches, zu der schon gewöhnlichen brauchbaren Art und Weise zurück.

Indessen schreitet die Ausbreitung der Belvederischen Anstalt unaufhaltsam fort. Zugleich läßt sich bemerken daß bei der Nomenclatur, der Bestimmung der Pflanzen und ihrer Arten, ja Varietäten, mancher Widerstreit obwalte, der von Zeit zu Zeit durch besuchende Kenner und Kunstgenossen erneuert wird.

Indessen macht sich ein rein wissenschaftlicher Katalog, auf dessen Angabe man sich sowohl zu eigener Beruhigung, als bei Tausch und Verkauf bestimmt und sicher berufen könne, immer nöthiger. Dieses langwierige Geschäft, wenn es gewissenhaft behandelt werden soll, macht die Anstellung eines wissenschaftlichen Mannes eigentlich nöthig. Hiezu wird Prof. Dennstedt beauftragt; er unterzieht sich der Arbeit, das erste Heft des Katalogs erscheint 1820. Das zweite 1821. Hierdurch ist also nicht allein für oben aufgestellte Zwecke gesorgt, sondern auch ein Leitfaden manchem unsichern und unerfahrnen Gärtner in die Hand gegeben, um genauere Pflanzenkenntniß zu erlangen.

Ein ganz außerordentliches Verdienst hätte sich außerdem dieser Katalog noch für die Wissenschaft erwerben können, wenn man die Quantitäten über die Namen und hie und da einen Accent angebracht hätte; denn jetzt hört man außen wie im Freien, von Einheimischen und Besuchenden eine babylonische, nicht Sprach- sondern Quantitäts-Verwirrung, welche besonders demjenigen, dem die Ableitung aus dem Griechischen gegenwärtig ist, mitten zwischen den herrlichen Naturproducten eine verdrießliche Mißstimmung erregt.

Nach Serenissimi angeboren liberalem Charakter und der wahrhaft fürstlichen Leidenschaft, andere an allem Guten, Nützlichen Theil nehmen zu lassen, ward in dem Maße, wie Belvedere heranwuchs, auch Jena solcher Vorzüge theilhaftig. Ein neues Glashaus von vierundsiebzig Fuß Länge mit mehreren Abtheilungen, nach den neusten Erfahrungen und den daraus abgeleiteten Maximen erbaut, nahm die häufigen Geschenke an Pflanzen und Samen begierig auf. Da nun aber das Haus an und für sich selbst von den früheren Batschischen Einrichtungen einen großen Theil abschnitt, sodann aber auch die Mistbeete verlegt werden mußten, so ward eine völlige Umpflanzung des ganzen Gartens nothwendig, und bei dieser Gelegenheit die Revision und verbesserte Zusammenstellung der natürlichen Familien möglich und erwünscht.

Sowohl nach Belvedere also wie nach Jena, dürfen wir alle Freunde der Botanik einladen, und wünschten nur ihnen einen genaueren Wegweiser an die Hand geben zu können.

Gar manches wäre noch, ehe wir abschließen, zu erwähnen; wir gedenken nur noch einer großen Landbaumschule von fruchtbaren Stämmen, welche unter Aufsicht des Legationsrath Bertuch schon viele Jahre besteht. Unglücklicherweise verlieren wir diesen, im gegenwärtigen Fache und in vielen andern unermüdlich thätigen Mann gerade in dem Augenblick, da wir unser Schema abschließen, zu dessen Ausführung er uns, bei glücklicher Erinnerungsgabe, im Besonderen so wie im Ganzen den besten Beistand hätte leisten können; und wir würden Vorwürfe wegen unverantwortlichen Versäumnisses bei so langem glücklichen Zusammenwirken verdienen, wäre nicht das Leben einem jedem so prägnant, daß seine augenblickliche Thätigkeit nicht nur das Vergangene sondern auch das Gegenwärtige zu verschlingen geeignet ist. Bleibe uns hiebei der Trost daß gerade das Wenige und Lückenhafte, was wir gesagt, desto eher die Mitlebenden aufrufen werde, zu einer vollständigen und vollendeten Darstellung das Ihrige beizutragen.

———

FRANZ GRILLPARZER
TRIFFT GOETHE

Als ich mich des andern Vormittags einstellte, war der Maler noch nicht gekommen. Man wies mich daher zu Goethe, der in seinem Hausgärtchen auf und nieder ging. Nun wurde mir die Ursache seiner steifen Körperhaltung gegenüber von Fremden klar. Das Alter war nicht spurlos an ihm vorübergegangen. Wie er so im Gärtchen hinschritt, bemerkte man wohl ein gedrücktes Vorneigen des Oberleibs mit Kopf und Nacken. Das wollte er nun vor Fremden verbergen und daher jenes gezwungene Emporrichten, das eine unangenehme Wirkung machte. Sein Anblick in dieser natürlichen Stellung, mit einem langen Hausrock bekleidet, ein kleines Schirm-Käppchen auf den weißen Haaren hatte etwas unendlich Rührendes. Er sah halb wie ein König aus und halb wie ein Vater. Wir sprachen im Auf- und Niedergehen. Er erwähnte meiner Sappho, die er zu billigen schien, worin er freilich gewissermaßen sich selbst lobte, denn ich hatte so ziemlich mit seinem Kalbe gepflügt. Als ich meine vereinzelte Stellung in Wien beklagte, sagte er, was wir seitdem gedruckt von ihm gelesen haben: daß der Mensch nur in Gesellschaft Gleicher oder Ähnlicher wirken könne. Wenn Er und Schiller das geworden wären, als was die Welt sie anerkennt, verdankten sie es großenteils dieser fördernden und sich ergänzenden Wechselwirkung. Inzwischen kam der Maler. Wir gingen ins Haus und ich wurde gezeichnet.

MEMORANDUM FÜR DEN
MONATH MÄRTZ 1832 ÜBER VORHANDENE
ARBEITEN IN DEN BEYDEN GÄRTEN SR.
EXELENZ DES HERRN GEHEIMEN RATHS UND
STAATSMINISTERS VON GÖTHE

Das Abrauzen der Bäume [Säubern der Stämme], wie auch das Ausputzen derselben in beyden Gärten und das Ausbessern der Gartenzäune.

Zubereitung der zu erst erforderlichen Gartenländer zur Bestellung der Früherbsen, Salat, Carotten u. d. m.

Abdeckung der Aprikosen-Wand am Haus, Beschneiden und Anbinden derselben, so wie die reinliche Herstellung der Rabatte.

Das Ausgraben der ausgestorbenen Pfirsichen-Bäume und Vorbereitung der Löcher zur Wein-Anpflanzung daselbst.

Das Verpflanzen der Malven, wo solches erforderlich, und besonders das Vermehren der schönblühenden.

Das Düngen derjenigen Länder, wo solches früher wegen Mangel desselben nicht geschehen konnte.

Die reinliche Herstellung der Blumen-Parthie in beyden Gärten.

Die reinliche Herstellung der Spargel-Parthien in beyden Gärten.

Das Aufräumen des Laubes, und Mehreres, sowohl in den Wegen wie auf dem Lande.

Abrechnung [Säubern] des Graselandes, im untern Garten, sowohl vom Moose, wie von Maulwurfshügeln; Bestreuung des Graselandes mit Düngesalz, jedoch mit Genehmigung Sr. Exelenz.

Reinigung der Rosen-Wände vom dürren und überflüssigen, und Anbindung des Nöthigen.

Werden die verdeckten Weine geöffnet und an die Espaliere gebunden.

Neue Umänderungen werden bloß auf eigenen Befehl Sr. Exelenz vorgenommen.

Weimar am 26ten Februar 1832
Ferdinand Herzog, Gärtner

2. POETISCHER GARTEN

IN DAS STAMMBUCH DES SCHAUSPIELERS
HEINRICH BECK (31.1.1791)

Blumen reicht die Natur, es windet die Kunst sie zum
Kranze.

MAIFEST

Wie herrlich leuchtet
Mir die Natur!
Wie glänzt die Sonne!
Wie lacht die Flur!

Es dringen Blüten
Aus jedem Zweig,
Und tausend Stimmen
Aus dem Gesträuch,

Und Freud und Wonne
Aus jeder Brust.
O Erd o Sonne
O Glück o Lust!

O Lieb' o Liebe,
So golden schön,
Wie Morgenwolken
Auf jenen Höhn;

Du segnest herrlich
Das frische Feld,
Im Blütendampfe
Die volle Welt.

O Mädchen Mädchen,
Wie lieb' ich dich!
Wie blinkt dein Auge!
Wie liebst du mich!

So liebt die Lerche
Gesang und Luft,
Und Morgenblumen
Den Himmels Duft,

Wie ich dich liebe
Mit warmen Blut,
Die du mir Jugend
Und Freud und Mut

Zu neuen Liedern,
Und Tänzen gibst!
Sei ewig glücklich
Wie du mich liebst!

DIE LEIDEN DES JUNGEN WERTHER.
BRIEF VOM 10.5.1771

am 10. May.

Eine wunderbare Heiterkeit hat meine ganze Seele eingenommen, gleich denen süßen Frühlingsmorgen, die ich mit
ganzem Herzen geniesse. Ich bin so allein und freue mich
so meines Lebens, in dieser Gegend, die für solche Seelen
geschaffen ist, wie die meine. Ich bin so glücklich, mein Be-
ster, so ganz in dem Gefühl von ruhigem Daseyn versunken,
daß meine Kunst darunter leidet. Ich könnte jetzo nicht
zeichnen, nicht einen Strich, und bin niemalen ein grös-
serer Mahler gewesen als in diesen Augenblicken. Wenn
das liebe Thal um mich dampft, und die hohe Sonne an
der Oberfläche der undurchdringlichen Finsterniß meines
Waldes ruht, und nur einzelne Strahlen sich in das innere
Heiligthum stehlen, und ich dann im hohen Grase am fal-
lenden Bache liege, und näher an der Erde tausend man-
nigfaltige Gräsgen mir merkwürdig werden. Wenn ich das
Wimmeln der kleinen Welt zwischen Halmen, die unzäh-
ligen, unergründlichen Gestalten, all der Würmgen, der
Mückgen, näher an meinem Herzen fühle, und fühle die
Gegenwart des Allmächtigen, der uns all nach seinem Bil-
de schuf, das Wehen des Allliebenden, der uns in ewiger
Wonne schwebend trägt und erhält. Mein Freund, wenn's
denn um meine Augen dämmert, und die Welt um mich
her und Himmel ganz in meiner Seele ruht, wie die Gestalt
einer Geliebten; dann sehn ich mich oft und denke: ach

könntest du das wieder ausdrücken, könntest du dem Papier das einhauchen, was so voll, so warm in dir lebt, daß es würde der Spiegel deiner Seele, wie deine Seele ist der Spiegel des unendlichen Gottes. Mein Freund – Aber ich gehe darüber zu Grunde, ich erliege unter der Gewalt der Herrlichkeit dieser Erscheinungen.

MIT EINER HIAZYNTHE
⟨WEIMAR, 25. 4. 1778⟩

Aus dem Zaubertal dortnieden
Das der Regen still umtrübt,
Aus dem Taumel der Gewässer,
Sendet Blume Gruß und Frieden
Der dich immer treu und besser
Als du glauben magst geliebt.

Diese Blume die ich pflücke
Neben mir vom Tau genährt
Läßt die Mutter still zurücke
Die sich in sich selbst vermehrt.
Lang entblättert und verborgen
Mit den Kindern an der Brust,
Wird an neuen Frühlingsmorgen
Vielfach sie des Gärtners Lust.

Sonderbare Traumbilder erschienen ihm gegen Morgen. Er fand sich in einem Garten, den er als Knabe öfters besucht hatte, und sah mit Vergnügen die bekannten Alleen, Hekken und Blumenbeete wieder, Mariane begegnete ihm, er sprach liebevoll mit ihr und ohne Erinnerung irgend eines vergangenen Mißverhältnisses. Gleich darauf trat sein Vater zu ihnen, im Hauskleide; und mit vertraulicher Miene, die ihm selten war, hieß er den Sohn zwei Stühle aus dem Gartenhause holen, nahm Marianen bei der Hand und führte sie nach einer Laube.

Wilhelm eilte nach dem Gartensaale, fand ihn aber ganz leer, nur sah er Aurelien an dem entgegengesetzten Fenster stehen, er ging sie anzureden, allein sie blieb unverwandt, und ob er sich gleich neben sie stellte, konnte er doch ihr Gesicht nicht sehen. Er blickte zum Fenster hinaus und sah, in einem fremden Garten, viele Menschen beisammen, von denen er einige sogleich erkannte. Frau Melina saß unter einem Baum und spielte mit einer Rose, die sie in der Hand hielt; Laertes stand neben ihr und zählte Gold aus einer Hand in die andere. Mignon und Felix lagen im Grase, jener ausgestreckt auf dem Rücken, dieser auf dem Gesichte. Philine trat hervor, und klatschte über den Kindern in die Hände, Mignon blieb unbeweglich, Felix sprang auf und floh vor Philinen. Erst lachte er im Laufen, als Philine ihn verfolgte, dann schrie er ängstlich, als der Harfenspieler mit großen, langsamen Schritten ihm nachging. Das Kind lief grade auf einen Teich los; Wilhelm eilte ihm nach, aber zu spät, das Kind lag im Wasser! Wilhelm stand wie eingewurzelt. Nun sah er die schöne Amazone an der andern Seite des Teichs, sie streckte ihre rechte Hand gegen das Kind aus und ging am Ufer hin, das Kind durchstrich das Wasser in gerader Richtung auf den Finger zu, und folgte ihr nach, wie sie ging, endlich reichte sie ihm ihre Hand und zog es aus dem Teiche. Wilhelm war indessen näher gekommen, das Kind brannte über und über, und es fielen feurige Tropfen von ihm herab. Wilhelm war noch besorgter, doch die Amazone nahm schnell einen weißen Schleier vom Haupte und bedeckte das Kind damit. Das Feuer war sogleich gelöscht. Als sie den Schleier aufhob, sprangen zwei Knaben hervor, die zusammen mutwillig hin und her spielten, als Wilhelm mit der Amazone Hand in Hand durch den Garten ging, und in der Entfernung seinen Vater und Marianen in einer Allee spazieren sah, die mit hohen Bäumen den ganzen Garten zu umgeben schien; er richtete seinen Weg auf beide los, und machte mit seiner schönen Begleiterin den Durchschnitt des Gartens, als auf einmal der blonde Friedrich ihnen in den Weg trat und sie mit großem Gelächter und allerlei Possen aufhielt. Sie wollten demungeachtet ihren Weg weiter fortsetzen; da eilte er weg und lief auf jenes entfernte Paar zu, der Vater und Mariane schienen vor ihm zu fliehen, er lief nur desto schneller, und Wilhelm sah jene fast im Fluge durch die Allee hinschweben; […]

AMYNTAS – ELEGIE

Nikias, trefflicher Mann, du Arzt des Leib's und der
Seele!
Krank! ich bin es fürwahr; aber dein Mittel ist hart.
Ach! die Kraft schon schwand mir dahin dem Rate
zu folgen,
Ja, und es scheinet der Freund schon mir ein
Gegner zu sein.
Widerlegen kann ich dich nicht, ich sage mir alles,
Sage das härtere Wort, das du verschweigest, mir
auch.
Aber ach! das Wasser entstürzt der Steile des Felsen
Rasch, und die Welle des Bachs halten Gesänge
nicht auf.
Rast nicht unaufhaltsam der Sturm? und wälzet die
Sonne
Sich von dem Gipfel des Tags, nicht in die Wellen
hinab?
Und so spricht mir rings die Natur: auch du bist,
Amyntas,
Unter das strenge Gesetz ehrner Gewalten gebeugt.
Runzle die Stirne nicht tiefer, mein Freund! und
höre, gefällig,
Was mich gestern ein Baum, dort an dem Bache
gelehrt.
Wenig Äpfel trägt er mir nur, der sonst so beladne,
Sieh der Efeu ist schuld, der ihn gewaltig umgibt.

Und ich faßte das Messer, das krummgebogene,
                                        scharfe,
Trennte schneidend und riß Ranke nach Ranken
                                        herab;
Aber ich schauderte gleich, als, tief erseufzend und
                                        kläglich,
Aus den Wipfeln, zu mir, lispelnde Klage sich goß.
O! verletze mich nicht! den treuen Gartengenossen,
Dem du, als Knabe, so früh, manche Genüsse
                                        verdankt.
O! verletze mich nicht! du reißest mit diesem Geflechte,
Das du gewaltig zerstörst, grausam das Leben mir
                                        aus.
Hab ich nicht selbst sie genährt und sanft sie herauf
                                        mir erzogen?
Ist wie mein eigenes Laub, mir nicht das ihre
                                        verwandt?
Soll ich nicht lieben die Pflanze, die, meiner einzig
                                        bedürftig,
Still, mit begieriger Kraft, mir um die Seite sich
                                        schlingt?
Tausend Ranken wurzelten an, mit tausend und
                                        tausend
Fasern, senket sie, fest, mir in das Leben sich ein.
Nahrung nimmt sie von mir; was ich bedürfte
                                        genießt sie,
Und so saugt sie das Mark, sauget die Seele mir
                                        aus.

Nur vergebens nähr ich mich noch, die gewaltige
Wurzel
Sendet lebendigen Saft, ach! nur zur Hälfte hinauf.
Denn der gefährliche Gast, der Geliebte, maßet
behende,
Unterweges die Kraft herbstlicher Früchte sich an.
Nichts gelangt zur Krone hinauf, die äußersten Wipfel
Dorren, es dorret der Ast über dem Bache schon
hin.
Ja, die Verräterin ist's! sie schmeichelt mir Leben und
Güter,
Schmeichelt die strebende Kraft, schmeichelt die
Hoffnung mir ab.
Sie nur fühl ich, nur sie, die umschlingende, freue
der Fesseln,
Freue des tötenden Schmucks, fremder
Umlaubung mich nur.
Halte das Messer zurück! o Nikias! schone den Armen,
Der sich in liebender Lust willig gezwungen,
verzehrt.
Süß ist jede Verschwendung! o! laß mich der
schönsten genießen!
Wer sich der Liebe vertraut hält er sein Leben zu
Rat?

DAUER IM WECHSEL

Hielte diesen frühen Segen
Ach nur Eine Stunde fest!
Aber vollen Blütenregen
Schüttelt schon der laue West.
Soll ich mich des Grünen freuen?
Dem ich Schatten erst verdankt;
Bald wird Sturm auch das zerstreuen,
Wenn es falb im Herbst geschwankt.

Willst du nach den Früchten greifen;
Eilig nimm dein Teil davon!
Diese fangen an zu reifen
Und die andern keimen schon;
Gleich, mit jedem Regengusse,
Ändert sich dein holdes Tal,
Ach! und in demselben Flusse
Schwimmst du nicht zum zweitenmal.

Du nun selbst! Was felsenfeste
Sich vor dir hervorgetan,
Mauern siehst du, siehst Paläste
Stets mit andern Augen an.
Weggeschwunden ist die Lippe,
Die im Kusse sonst genas,
Jener Fuß, der an der Klippe
Sich, mit Gemsenfreche, maß.

Jene Hand, die gern und milde
Sich bewegte wohlzutun,
Das gegliederte Gebilde,
Alles ist ein andres nun.
Und was sich, an jener Stelle,
Nun mit deinem Namen nennt,
Kam herbei, wie eine Welle,
Und so eilt's zum Element.

Laß den Anfang mit dem Ende
Sich in Eins zusammenziehn!
Schneller als die Gegenstände
Selber dich vorüberfliehn.
Danke, daß die Gunst der Musen
Unvergängliches verheißt,
Den Gehalt in deinem Busen
Und die Form in deinem Geist.

NEUNTES KAPITEL

Der Frühling war gekommen, später aber auch rascher und freudiger als gewöhnlich. Ottilie fand nun im Garten die Frucht ihres Vorsehens: alles keimte, grünte und blühte zur rechten Zeit; manches was hinter wohl angelegten Glashäusern und Beeten vorbereitet worden, trat nun sogleich der endlich von außen wirkenden Natur entgegen, und alles was zu tun und zu besorgen war, blieb nicht bloß hoffnungsvolle Mühe wie bisher, sondern ward zum heitern Genusse.

An dem Gärtner aber hatte sie zu trösten über manche durch Lucianens Wildheit entstandene Lücke unter den Topfgewächsen, über die zerstörte Symmetrie mancher Baumkrone. Sie machte ihm Mut, daß sich das alles bald wieder herstellen werde; aber er hatte zu ein tiefes Gefühl, zu einen reinen Begriff von seinem Handwerk, als daß diese Trostgründe viel bei ihm hätten fruchten sollen. So wenig der Gärtner sich durch andere Liebhabereien und Neigungen zerstreuen darf, so wenig darf der ruhige Gang unterbrochen werden, den die Pflanze zur dauernden oder zur vorübergehenden Vollendung nimmt. Die Pflanze gleicht den eigensinnigen Menschen, von denen man alles erhalten kann, wenn man sie nach ihrer Art behandelt. Ein ruhiger Blick, eine stille Konsequenz, in jeder Jahrszeit, in jeder Stunde das ganz Gehörige zu tun, wird vielleicht von Niemand mehr als vom Gärtner verlangt.

Diese Eigenschaften besaß der gute Mann in einem hohen Grade, deswegen auch Ottilie so gern mit ihm wirkte; aber sein eigentliches Talent konnte er schon einige Zeit nicht mehr mit Behaglichkeit ausüben. Denn ob er gleich alles was die Baum- und Küchengärtnerei betraf, auch die Erfordernisse eines älteren Ziergartens, vollkommen zu leisten verstand – wie denn überhaupt einem vor dem andern dieses oder jenes gelingt – ob er schon in Behandlung der Orangerie, der Blumenzwiebeln, der Nelken- und Aurikelnstöcke, die Natur selbst hätte herausfordern können: so waren ihm doch die neuen Zierbäume und Modeblumen einigermaßen fremd geblieben, und er hatte vor dem unendlichen Felde der Botanik, das sich nach der Zeit auftat, und den darin herumsummenden fremden Namen, eine Art von Scheu, die ihn verdrießlich machte. Was die Herrschaft voriges Jahr zu verschreiben angefangen, hielt er um so mehr für unnützen Aufwand und Verschwendung, als er gar manche kostbare Pflanze ausgehen sah, und mit den Handelsgärtnern die ihn, wie er glaubte, nicht redlich genug bedienten, in keinem sonderlichen Verhältnisse stand.

Er hatte sich darüber, nach mancherlei Versuchen, eine Art von Plan gemacht, in welchem ihn Ottilie um so mehr bestärkte, als er auf die Wiederkehr Eduards eigentlich gegründet war, dessen Abwesenheit man in diesem wie in manchem andern Falle täglich nachteiliger empfinden mußte.

Indem nun die Pflanzen immer mehr Wurzel schlugen und Zweige trieben, fühlte sich auch Ottilie immer mehr an diese Räume gefesselt. Gerade vor einem Jahre trat sie als Fremdling, als ein unbedeutendes Wesen hier ein; wie viel hatte sie sich seit jener Zeit nicht erworben! aber leider wie viel hatte sie nicht auch seit jener Zeit wieder verloren! Sie war nie so reich und nie so arm gewesen. Das Gefühl von beidem wechselte augenblicklich mit einander ab, ja durchkreuzte sich aufs innigste, so daß sie sich nicht anders zu helfen wußte, als daß sie immer wieder das Nächste mit Anteil, ja mit Leidenschaft ergriff.

Daß alles was Eduarden besonders lieb war, auch ihre Sorgfalt am stärksten an sich zog, läßt sich denken; ja warum sollte sie nicht hoffen, daß er selbst nun bald wiederkommen, daß er die vorsorgliche Dienstlichkeit, die sie dem Abwesenden geleistet, dankbar gegenwärtig bemerken werde.

Aber noch auf eine viel andre Weise war sie veranlaßt für ihn zu wirken. Sie hatte vorzüglich die Sorge für das Kind übernommen, dessen unmittelbare Pflegerin sie um so mehr werden konnte, als man es keiner Amme zu übergeben, sondern mit Milch und Wasser aufzuziehen sich entschieden hatte. Es sollte in jener schönen Zeit der freien Luft genießen; und so trug sie es am liebsten selbst heraus, trug das schlafende unbewußte zwischen Blumen und Blüten her, die dereinst seiner Kindheit so freundlich entgegen lachen sollten, zwischen jungen Sträuchen und Pflanzen, die mit ihm in die Höhe zu wachsen durch ihre Jugend bestimmt schienen. Wenn sie um sich her sah, so verbarg sie sich nicht, zu welchem großen reichen Zustande das Kind geboren sei: denn fast alles wohin das Auge blickte, sollte dereinst ihm gehören. Wie wünschenswert war es zu diesem allen, daß es vor den Augen des Vaters, der Mutter, aufwüchse und eine erneute frohe Verbindung bestätigte.

Ottilie fühlte dies alles so rein, daß sie sich's als entschieden wirklich dachte und sich selbst dabei gar nicht empfand. Unter diesem klaren Himmel, bei diesem hellen Sonnenschein, ward es ihr auf einmal klar, daß ihre Liebe, um sich zu vollenden, völlig uneigennützig werden müsse; ja in manchen Augenblicken glaubte sie diese Höhe schon erreicht zu haben. Sie wünschte nur das Wohl ihres Freundes, sie glaubte sich fähig ihm zu entsagen, sogar ihn niemals wieder zu sehen, wenn sie ihn nur glücklich wisse. Aber ganz entschieden war sie für sich, niemals einem andern anzugehören.

Daß der Herbst eben so herrlich würde wie der Frühling, dafür war gesorgt. Alle sogenannte Sommergewächse, alles was im Herbst mit Blühen nicht enden kann und sich der Kälte noch keck entgegen entwickelt, Astern besonders, waren in der größten Mannigfaltigkeit gesät und sollten nun überallhin verpflanzt, einen Sternhimmel über die Erde bilden.

GARTENHAUS AM UNTERN PARK

Übermütig sieht's nicht aus,
Hohes Dach und niedres Haus;
Allen die daselbst verkehrt
Ward ein guter Mut beschert.
Schlanker Bäume grüner Flor,
Selbstgepflanzter, wuchs empor.
Geistig ging zugleich alldort
Schaffen, Hegen, Wachsen fort.

EIN GLEICHNIS.

Jüngst pflückt ich einen Wiesenstrauß,
Trug ihn gedankenvoll nach Haus;
Da hatten von der warmen Hand
Die Kronen sich alle zur Erde gewandt.
Ich setzte sie in frisches Glas;
Und welch ein Wunder war mir das!
Die Köpfchen hoben sich empor,
Die Blätterstengel im grünen Flor;
Und allzusammen so gesund
Als stünden sie noch auf Muttergrund.

So war mir's als ich wundersam
Mein Lied in fremder Sprache vernahm.

CHINESISCH-DEUTSCHE JAHRES- UND TAGESZEITEN

I

Sag was könnt' uns Mandarinen,
Satt zu herrschen, müd zu dienen,
Sag was könnt' uns übrig bleiben,
Als in solchen Frühlingstagen
Uns des Nordens zu entschlagen
Und am Wasser und im Grünen
Fröhlich trinken, geistig schreiben,
Schal' auf Schale, Zug in Zügen?

II

Weiß wie Lilien, reine Kerzen,
Sternen gleich, bescheidner Beugung,
Leuchtet aus dem Mittelherzen
Rot gesäumt die Glut der Neigung.

So frühzeitige Narzissen
Blühen reihenweis im Garten.
Mögen wohl die Guten wissen
Wen sie so spaliert erwarten.

III

Ziehn die Schafe von der Wiese,
Liegt sie da, ein reines Grün,
Aber bald zum Paradiese

Wird sie bunt geblümt erblühn.
Hoffnung breitet lichte Schleier
Nebelhaft vor unsern Blick:
Wunscherfüllung, Sonnenfeier
Wolkenteilend bring' uns Glück.

IV

Der Pfau schreit häßlich, aber sein Geschrei
Erinnert mich an's himmlische Gefieder,
So ist mir auch sein Schreien nicht zuwider.
Mit Indischen Gänsen ist's nicht gleicherlei,
Sie zu erdulden ist unmöglich:
Die Häßlichen sie schreien unerträglich.

V

Entwickle deiner Lüste Glanz
Der Abendsonne goldnen Strahlen,
Laß deines Schweifes Rad und Kranz
Kühn-äugelnd ihr entgegen prahlen.
Sie forscht wo es im Grünen blüht,
Im Garten überwölbt vom Blauen;
Ein Liebespaar wo sie's ersieht,
Glaubt sie das Herrlichste zu schauen.

VI

Der Guckuck wie die Nachtigall
Sie mögten den Frühling fesseln,
Doch drängt der Sommer schon überall

Mit Disteln und mit Nesseln;
Auch mir hat er das leichte Laub
An jenem Baum verdichtet,
Durch das ich sonst zu schönstem Raub
Den Liebesblick gerichtet;
Verdeckt ist mir das bunte Dach,
Die Gitter und die Pfosten,
Wohin mein Auge spähend brach,
Dort ewig bleibt mein Osten.

VII

War schöner als der schönste Tag,
Drum muß man mir verzeihen,
Daß ich sie nicht vergessen mag
Am wenigsten im Freien.
Im Garten war's, Sie kam heran,
Mir ihre Gunst zu zeigen;
Das fühl' ich noch und denke dran,
Und bleib' ihr ganz zu eigen.

VIII

Dämmrung senkte sich von oben,
Schon ist alle Nähe fern;
Doch zuerst emporgehoben
Holden Lichts der Abendstern!
Alles schwankt in's Ungewisse
Nebel schleichen in die Höh;
Schwarzvertiefte Finsternisse

Wiederspiegelnd ruht der See.
Nun im östlichen Bereiche
Ahnd' ich Mondenglanz und Glut,
Schlanker Weiden Haargezweige
Scherzen auf der nächsten Flut.
Durch bewegter Schatten Spiele
Zittert Luna's Zauberschein,
Und durch's Auge schleicht die Kühle
Sänftigend in's Herz hinein.

IX

Nun weiß man erst was Rosenknospe sei,
Jetzt da die Rosenzeit vorbei;
Ein Spätling noch am Stocke glänzt
Und ganz allein die Blumenwelt ergänzt.

X

Als Allerschönste bist du anerkannt,
Bist Königin des Blumenreichs genannt;
Unwidersprechlich allgemeines Zeugnis,
Streitsucht verbannend, wundersam Ereignis!
Du bist es also, bist kein bloßer Schein,
In dir trifft Schau'n und Glauben überein;
Doch Forschung strebt und ringt, ermüdend nie,
Nach dem Gesetz, dem Grund *Warum* und *Wie.*

XI

Mich ängstigt das Verfängliche
Im widrigen Geschwätz,
Wo nichts verharret alles flieht,
Wo schon verschwunden was man sieht;
Und mich umfängt das bängliche
Das graugestrickte Netz. –
»Getrost! Das Unvergängliche
Es ist das ewige Gesetz
Wonach die Ros' und Lilie blüht.«

XII

Hingesunken alten Träumen
Buhlst mit Rosen, sprichst mit Bäumen,
Statt der Mädchen statt der Weisen;
Können das nicht löblich preisen,
Kommen deshalb die Gesellen
Sich zur Seite dir zu stellen,
Finden, dir und uns zu dienen,
Pinsel, Farbe, Wein im Grünen.

XIII

Die stille Freude wollt ihr stören?
Laßt mich bei meinem Becher Wein;
Mit andern kann man sich belehren,
Begeistert wird man nur allein.

XIV

»Nun denn! Eh' wir von hinnen eilen
Hast noch was Kluges mitzuteilen?«

Sehnsucht in's Ferne, Künftige zu beschwichtigen,
Beschäftige dich hier und heut im Tüchtigen.

AN FRAU VON MARTIUS
BEI ÜBERSENDUNG EINER ARTISCHOCKE,
WEIMAR, 11. 8. 1831

Gegen Früchte aller Arten,
Saftig-süßen, schmacklich-zarten,
Aus gepflegtestem Revier –
Send' ich starre Disteln dir.

Diese Distel, laß sie gelten!
Ich vermag sie nicht zu schelten,
Die, was uns am besten schmeckt,
In dem Busen tief versteckt.

AN FRAU RÄTIN WANGEMANN,
WEIMAR, 4. 11. 1831

Von der Blüte zu den Früchten
Allerlei Natur-Geschichten,
Eigen sind sie deinem Hügel.
Löblich ist's nach Wurzeln graben;
Denn um helle Tagesgaben
Flattern alle Lebensflügel.

Von den Früchten zu den Blüten
Niemals werden wir ermüden;
Den Genuß an solchen Gaben
Siehst du hier in Erz gegraben.
Wie dich auch Natur entzückt,
Kunst sei freundlich angeblickt.

Ein Füllhorn von Blüten,
Ein zweites von Früchten
Wie möcht' ich gemütlich
Zum Feste sie richten!
Doch saus't ein Gestöber
In Lüften so wild;
Wo alles erstarret,
Genieße das Bild!
Begrüße die Bilder!
Sie gingen voran,
Und andere folgen –
So fort und fortan!

3. GOETHE UND DIE BOTANIK

XVIII.
Wiederholung

112.

Ich wünsche daß gegenwärtiger Versuch die Metamorphose
der Pflanzen zu erklären, zu Auflösung dieser Zweifel einiges beitragen, und zu weiteren Bemerkungen und Schlüssen
Gelegenheit geben möge. Die Beobachtungen worauf er
sich gründet, sind schon einzeln gemacht, auch gesammlet
und gereihet worden;[1] und es wird sich bald entscheiden,
ob der Schritt den wir gegenwärtig gethan, sich der Wahrheit nähere. So kurz als möglich fassen wir die Hauptresul-
tate des bisherigen Vortrags zusammen.

113.

Betrachten wir eine Pflanze in sofern sie ihre Lebenskraft
äußert, so sehen wir dieses auf eine doppelte Art geschehen,
zuerst durch das *Wachsthum,* indem sie Stengel und Blätter
hervorbringt, und sodann durch die *Fortpflanzung,* welche
in dem Blüthen- und Fruchtbau vollendet wird. Beschauen
wir das Wachsthum näher, so sehen wir, daß, indem die
Pflanze sich von Knoten zu Knoten, von Blatt zu Blatt fort-
setzt, indem sie sproßt, gleichfalls eine Fortpflanzung ge-
schehe, die sich von der Fortpflanzung durch Blüthe und

---

1 *Batsch* Anleitung zur Kenntniß und Geschichte der Pflanzen. 1. Theil,
  19. Capitel.

Frucht, welche *auf einmal* geschiehet, darin unterscheidet, daß sie *successiv* ist, daß sie sich in einer Folge einzelner Entwickelungen zeigt. Diese sprossende, nach und nach sich äußernde Kraft ist mit jener, welche auf einmal eine große Fortpflanzung entwickelt, auf das genauste verwandt. Man kann unter verschiedenen Umständen eine Pflanze nöthigen, daß sie immerfort *sprosse,* man kann dagegen den *Blüthenstand beschleunigen.* Jenes geschieht, wenn rohere Säfte der Pflanze in einem größeren Maße zudringen; dieses, wenn die geistigeren Kräfte in derselben überwiegen.

114.

Schon dadurch daß wir das *Sprossen* eine successive, den *Blüthen-* und *Fruchtstand* aber eine simultane Fortpflanzung genannt haben, ist auch die Art wie sich beide äußern, bezeichnet worden. Eine Pflanze welche *sproßt,* dehnt sich mehr oder weniger aus, sie entwickelt einen Stiel oder Stengel, die Zwischenräume von Knoten zu Knoten sind meist bemerkbar, und ihre Blätter breiten sich von dem Stengel nach allen Seiten zu aus. Eine Pflanze dagegen welche *blüht,* hat sich in allen ihren Theilen zusammengezogen, Länge und Breite sind gleichsam aufgehoben, und alle ihre Organe sind in einem höchst concentrirten Zustande, zunächst an einander entwickelt.

115.

Es mag nun die Pflanze sprossen, blühen oder Früchte bringen, so sind es doch nur immer *dieselbigen Organe* welche, in vielfältigen Bestimmungen und unter oft veränderten Gestalten, die Vorschrift der Natur erfüllen. Dasselbe Organ, welches am Stengel als Blatt sich ausgedehnt und eine höchst mannichfaltige Gestalt angenommen hat, zieht sich nun im Kelche zusammen, dehnt sich im Blumenblatte wieder aus, zieht sich in den Geschlechtswerkzeugen zusammen, um sich als Frucht zum letztenmal auszudehnen.

116.

Diese Wirkung der Natur ist zugleich mit einer andern verbunden, mit der *Versammlung verschiedener Organe um ein Centrum* nach gewissen Zahlen und Maßen, welche jedoch bei manchen Blumen oft unter gewissen Umständen weit überschritten und vielfach verändert werden.

117.

Auf gleiche Weise wirkt bei der *Bildung* der Blüthen und Früchte *eine Anastomose* mit, wodurch die nahe an einander gedrängten, höchst feinen Theile der Fructification, entweder auf die Zeit ihrer ganzen Dauer, oder auch nur auf einen Theil derselben innigst verbunden werden.

118.

Doch sind diese Erscheinungen der *Annäherung, Centralstellung* und *Anastomose* nicht allein dem Blüthen- und Fruchtstande eigen; wir können vielmehr etwas ähnliches bei den Cotyledonen wahrnehmen und andere Pflanzentheile werden uns in der Folge reichen Stoff zu ähnlichen Betrachtungen geben.

119.

So wie wir nun die verschieden scheinenden Organe der sprossenden und blühenden Pflanze alle aus einem einzigen nämlich dem *Blatte,* welches sich gewöhnlich an jedem Knoten entwickelt, zu erklären gesucht haben: so haben wir auch diejenigen Früchte, welche ihre Samen fest in sich zu verschließen pflegen, aus der Blattgestalt herzuleiten gewagt.

120.

Es verstehet sich hier von selbst, daß wir ein allgemeines Wort haben müßten, wodurch wir dieses in so verschiedene Gestalten metamorphosirte Organ bezeichnen, und alle Erscheinungen seiner Gestalt damit vergleichen könnten: gegenwärtig müssen wir uns damit begnügen, daß wir uns gewöhnen die Erscheinungen vorwärts und rückwärts gegen einander zu halten. Denn wir können eben so gut sagen: ein Staubwerkzeug sei ein zusammengezogenes Blumenblatt, als wir von dem Blumenblatte sagen können: es sei ein Staubgefäß im Zustande der Ausdehnung; ein Kelchblatt sei ein zusammengezogenes, einem gewissen Grad der Verfeinerung sich näherndes Stengelblatt, als wir von einem Stengelblatt sagen können: es sei ein, durch Zudringen roherer Säfte, ausgedehntes Kelchblatt.

121.

Eben so läßt sich von dem Stengel sagen: er sei ein ausgedehnter Blüthen- und Fruchtstand, wie wir von diesem prä-
dicirt haben: er sei ein zusammengezogener Stengel.

122.

Außerdem habe ich am Schlusse des Vortrags noch die Entwickelung der *Augen* in Betrachtung gezogen und dadurch
die zusammengesetzten Blumen, wie auch die unbedeckten
Fruchtstände zu erklären gesucht.

123.

Und auf diese Weise habe ich mich bemüht, eine Meinung
welche viel überzeugendes für mich hat, so klar und voll-
ständig als es mir möglich sein wollte, darzulegen. Wenn
solche dem ohngeachtet noch nicht völlig zur Evidenz gebracht ist; wenn sie noch manchen Widersprüchen ausge-
setzt sein, und die vorgetragne Erklärungsart nicht überall
anwendbar scheinen möchte; so wird es mir desto mehr
Pflicht werden, auf alle Erinnerungen zu merken, und diese
Materie in der Folge genauer und umständlicher abzuhan-
deln, um diese Vorstellungsart anschaulicher zu machen,
und ihr einen allgemeinern Beifall zu erwerben, als sie vielleicht gegenwärtig nicht erwarten kann.

XV.
Durchgewachsene Rose

103.

Alles was wir bisher nur mit der Einbildungskraft und dem Verstande zu ergreifen gesucht, zeigt uns das Beispiel einer durchgewachsenen Rose auf das deutlichste. Kelch und Krone sind um die Axe geordnet und entwickelt, anstatt aber, daß nun im Centro das Samenbehältniß *zusammengezogen,* an demselben und um dasselbe die männlichen und weiblichen Zeugungstheile *geordnet* sein sollten, begibt sich der Stiel halb *röthlich* halb *grünlich* wieder in die *Höhe*; kleinere dunkelrothe, zusammengefaltete Kronenblätter, deren einige die Spur der Antheren an sich tragen, entwickeln sich *successiv* an demselben. Der Stiel wächst fort, schon lassen sich daran wieder Dornen sehn, die folgenden einzelnen gefärbten Blätter werden kleiner und gehen zuletzt vor unsern Augen in halb roth halb grün gefärbte Stengelblätter über, es bildet sich eine Folge von regelmäßigen Knoten, aus deren Augen abermals, obgleich unvollkommene Rosenknöspchen zum Vorschein kommen.

104.

Es gibt uns eben dieses Exemplar auch noch einen sichtbaren Beweis des oben ausgeführten: daß nämlich alle Kelche nur in ihrer Peripherie zusammengezogene Folia floralia seien. Denn hier bestehet der regelmäßige um die Axe versammelte Kelch aus fünf völlig entwickelten, drei- oder fünffach zusammengesetzten Blättern, dergleichen sonst die Rosenzweige an ihren Knoten hervorbringen.

FRIEDRICH GOTTLIEB DIETRICH: NEUER NACHTRAG ZUM VOLLSTÄNDIGEN LEXIKON DER GÄRTNEREI UND BOTANIK

§. 13.

Nach beendigter Reise und nachdem der Herr Geheimerath *von Göthe* »das organische Umwandeln der Pflanzen, so wie die Gestaltfolgen genugsam erkannt und sich Fertigkeit erworben hatte«, ging er freudig an's Werk »sogleich schriftlich zu verfassen, was ihm am klarsten vor dem Sinne stand«, und so entstand die Ausarbeitung der Metamorphose der Pflanzen, daran ich nur insofern einen sehr geringen Antheil habe, daß ich ihm die Pflanzen, welche zu seinen Beobachtungen dienten, und die er seiner Idee gemäß benutzte, herbeischaffte.

Im Jahr *1792*, nach Vollendung meiner Studien in Jena, wurde ich in Weimar als Botanikus und Lehrer der Kräuterkunde mit Besoldung angestellt. Diese Anstellung war für mich allerdings ein glückliches Ereigniß. Weimar war damals der Musensitz und der Aufenthalt vieler gelehrten Männer, welche sich an die HH. *Göthe, Schiller, Herder, Wieland* liebevoll anschlossen, gelehrte Vereine bildeten und sich bestrebten, die Wissenschaften und Künste auf alle Art und Weise zu fördern. Außer *Göthe* hat sich auch *Bertuch* um die Naturwissenschaft verdient gemacht, und so erregte sich auch in mir ein neues Streben nach höherer wissenschaftlicher Ausbildung, um so mehr, da *Göthe* unermüdet mit der Pflanzenkunde sich beschäftigte und nach der Vollendung seines lehrreichen Werkes (Metamorphose) auf den Gedanken kam, die natürlichen Pflanzenfamilien im lebenden Zustande zu sehen, die Entwicklung der Pflanzenorgane zu beobachten, so wie überhaupt das vegetabilische Leben anschaulich bis zur höchsten Stufe der Ausbildung zu verfolgen.

Dieser Plan war im Jahr *1794* realisirt. In dem Garten des Hrn. v. *Göthe* wurden hiezu schickliche Beete abgetheilt, dann die einheimischen, auch ausländische Gewächse, die in unserm Klima unter freiem Himmel gedeihen, angeschafft, auf die bestimmten Beete gepflanzt und in Gruppen zusammengestellt, so wie in *Jussieu's* natürlichem System die Gattungen aufeinander folgen. Es versteht sich übrigens von selbst, daß in einem so beschränkten Raum nur niedrige Sträucher und krautartige Pflanzen aufgenommen werden konnten. Manche Familien, z. B. die einheimischen Orchideen, Irideen, Liliaceen, Syngenesisten, Ranunkuleen und Rosaceen, wenn sie ihre lieblichen Blumen entfalteten, boten den gelehrten Herren *von Knebel, Herder, Einsiedel, Gerning* u. A., auch wohl Frauen, welche den Garten besuchten, sehr angenehme und belehrende Unterhaltung dar, besonders dann, wenn *Göthe* selbst zugegen war, das Umwandeln der Pflanzen erklärte und über analytische Forschung freie Vorträge hielt, die auch mir von größter Wichtigkeit waren, und ich mag jener schönen Zeit und *Göthe's* synthetischer Lehre mit Vergnügen noch gerne gedenken.

DER VERFASSER THEILT DIE GESCHICHTE
SEINER BOTANISCHEN STUDIEN MIT.

[...] Unter solchen Umständen war auch ich genöthigt, über botanische Dinge immer mehr und mehr Aufklärung zu suchen. *Linné's Terminologie,* die *Fundamente* worauf das Kunstgebäude sich stützen sollte, *Johann Geßner's Dissertationen* zu Erklärung Linnéischer *Elemente,* alles in Einem schmächtigen Hefte vereinigt, begleiteten mich auf Wegen und Stegen; und noch heute erinnert mich ebendasselbe Heft an die frischen glücklichen Tage, in welchen jene gehaltreichen Blätter mir zuerst eine neue Welt aufschlossen. Linné's *Philosophie der Botanik* war mein tägliches Studium, und so rückte ich immer weiter vor in geordneter Kenntniß, indem ich mir möglichst anzueignen suchte, was mir eine allgemeinere Umsicht über dieses weite Reich verschaffen konnte.

Besonderen Vortheil aber brachte mir, wie in allem Wissenschaftlichen, die Nähe der Akademie Jena, wo die Wartung officineller Pflanzen seit geraumer Zeit mit Ernst und Fleiß behandelt wurde. Auch erwarben sich die Professoren *Prätorius, Schlegel* und *Rolfink* früher um die allgemeinere Botanik zeitgemäße Verdienste. Epoche machte jedoch *Ruppe's* Flora Jenensis, welche 1718 erschien; hiernach wurde der bis jetzt auf einen engen klösterlichen Garten eingeschränkten, bloß zu ärztlichem Zwecke dienenden Pflanzenbetrachtung die ganze reiche Gegend eröffnet und ein freies frohes Naturstudium eingeleitet.

Hieran von ihrer Seite Antheil zu nehmen beeiferten sich aufgeweckte Landleute aus der Gegend, welche schon für den Apotheker und Kräuter-Händler bisher sich thätig erwiesen hatten, und eine nunmehr neueingeführte Terminologie nach und nach einzulernen wußten. In Ziegenhayn hatte sich besonders eine Familie *Dietrich* hervorgethan; der Stammvater derselben, sogar von Linné bemerkt, hatte von diesem hochverehrten Mann ein eigenhändiges Schreiben aufzuweisen, durch welches Diplom er sich wie billig in den botanischen Adelsstand erhoben fühlte. Nach seinem Ableben setzte der Sohn die Geschäfte fort, welche hauptsächlich darin bestanden, daß die sogenannten Lectionen, nämlich Bündel der jede Woche blühenden Gewächse, Lehrenden und Lernenden von allen Seiten herangeschafft wurden. Die joviale Wirksamkeit des Mannes verbreitete sich bis nach Weimar, und so ward ich nach und nach mit der Jenaischen reichen Flora bekannt.

Noch einen größern Einfluß aber auf meine Belehrung hatte der Enkel *Friedrich Gottlieb Dietrich*. Als wohlgebauter Jüngling, von regelmäßig angenehmer Gesichtsbildung, schritt er vor, mit frischer Jugendkraft und Lust sich der Pflanzenwelt zu bemeistern; sein glückliches Gedächtniß hielt alle die seltsamen Benennungen fest, und reichte sie ihm jeden Augenblick zum Gebrauche dar; seine Gegenwart sagte mir zu, da ein offner freier Charakter aus Wesen und Thun hervorleuchtete, und so ward ich bewogen auf einer Reise nach Karlsbad ihn mit mir zu nehmen.

In gebirgigen Gegenden immer zu Fuße brachte er mit

eifrigem Spürsinn alles Blühende zusammen, und reichte mir die Ausbeute wo möglich an Ort und Stelle sogleich in den Wagen herein, und rief dabei nach Art eines Herolds die Linnéischen Bezeichnungen, Geschlecht und Art, mit froher Überzeugung aus, manchmal wohl mit falscher Betonung. Hiedurch ward mir ein neues Verhältniß zur freien herrlichen Natur, indem mein Auge ihrer Wunder genoß und mir zugleich wissenschaftliche Bezeichnungen des Einzelnen, gleichsam aus einer fernen Studirstube, in das Ohr drangen.

In Karlsbad selbst war der junge rüstige Mann mit Sonnenaufgang im Gebirge, reichliche Lectionen brachte er mir sodann an den Brunnen, ehe ich noch meine Becher geleert hatte; alle Mitgäste nahmen Theil, die welche sich dieser schönen Wissenschaft befleißigten besonders. Sie sahen ihre Kenntnisse auf das anmuthigste angeregt, wenn ein schmucker Landknabe, im kurzen Westchen daher lief, große Bündel von Kräutern und Blumen vorweisend, sie alle mit Namen, griechischen, lateinischen, barbarischen Ursprungs, bezeichnend; ein Phänomen, das bei Männern, auch wohl bei Frauen, vielen Antheil erregte.

Sollte Vorgesagtes dem eigentlich wissenschaftlichen Manne vielleicht allzu empirisch vorkommen, so melde ich hienächst, daß gerade dieses lebhafte Benehmen uns die Gunst und den Antheil eines in diesem Fache schon geübteren Mannes erwerben konnte, eines trefflichen Arztes nämlich, der, einen reichen Vornehmen begleitend, seinen Badeaufenthalt eigentlich zu botanischen Zwecken zu nutzen gedachte. Er gesellte sich gar bald zu uns, die sich freuten ihm an Handen zu gehen. Die meisten von Dietrich früh eingebrachten Pflanzen trachtete er sorgfältig einzulegen, wo denn der Name hinzugeschrieben und auch sonst manches bemerkt wurde. Hiebei konnt' ich nicht anders als gewinnen. Durch Wiederholung prägten sich die Namen in mein Gedächtniß; auch im Analysiren gewann ich etwas mehr Fertigkeit, doch ohne bedeutenden Erfolg; Trennen und Zählen lag nicht in meiner Natur.

Nun fand aber jenes fleißige Bemühen und Treiben in der großen Gesellschaft einige Gegner. Wir mußten öfters hören: die ganze Botanik, deren Studium wir so emsig verfolgten, sei nichts weiter als eine Nomenclatur, und ein ganzes auf Zahlen, und das nicht einmal durchaus, gegründetes System; sie könne weder dem Verstand noch der Einbildungskraft genügen, und niemand werde darin irgend eine auslangende Folge zu finden wissen. Ohngeachtet dieser Einwendung gingen wir getrost unsern Weg fort, der uns denn immer tief genug in die Pflanzenkenntniß einzuleiten versprach. […]

August Carl Batsch, der Sohn eines in Weimar durchaus geliebten und geschätzten Vaters, hatte seine Studienzeit in Jena sehr wohl benutzt, sich den Naturwissenschaften eifrig ergeben und es so weit gebracht, daß er nach Köstritz berufen wurde, um die ansehnliche gräflich Reussische Naturaliensammlung zu ordnen und ihr eine Zeitlang vorzustehen. Sodann kehrte er nach Weimar zurück, wo ich ihn denn, im harten pflanzenfeindlichen Winter, auf der Schlittschuhbahn, damals dem Versammlungsort guter Gesellschaft, mit Vergnügen kennen lernte, seine zarte Bestimmtheit und ruhigen Eifer gar bald zu schätzen wußte, und in freier Bewegung mich mit ihm über höhere Ansichten der Pflanzenkunde und über die verschiedenen Methoden dieses Wissen zu behandeln, freimüthig und anhaltend besprach.

Seine Denkweise war meinen Wünschen und Forderungen höchst angemessen, die Ordnung der Pflanzen nach Familien, in aufsteigendem, sich nach und nach entwickelnden Fortschritt, war sein Augenmerk. Diese naturgemäße Methode, auf die Linné mit frommen Wünschen hindeutet, bei welcher französische Botaniker theoretisch und praktisch beharrten, sollte nun einen unternehmenden jüngeren Mann Zeitlebens beschäftigen, und wie froh war ich meinen Theil daran aus der ersten Hand zu gewinnen.

Aber nicht allein von zwei Jünglingen, sondern auch von einem bejahrten vorzüglichen Manne, sollte ich unbeschreiblich gefördert werden. Hofrath *Büttner* hatte seine Bibliothek von Göttingen nach Jena gebracht, und ich, durch das Vertrauen meines Fürsten, der diesen Schatz sich und uns angeeignet hatte, beauftragt, Anordnung und Aufstellung, nach dem eigenen Sinne des im Besitz bleibenden Sammlers, einzuleiten, unterhielt mit demselben ein fortwährendes Verkehr. Er, eine lebendige Bibliothek, bereitwillig auf jede Frage umständliche, auslangende Antwort und Auskunft zu geben, unterhielt sich über Botanik mit Vorliebe.

Hier verläugnete er nicht, sondern bekannte vielmehr sogar leidenschaftlich, daß er, als Zeitgenosse Linné's, gegen diesen ausgezeichneten, die ganze Welt mit seinem Namen erfüllenden Mann in stillem Wetteifer, dessen System niemals angenommen, vielmehr sich bemüht habe, die Anordnung der Gewächse nach Familien zu bearbeiten, von den einfachsten fast unsichtbaren Anfängen in das Zusammengesetzteste und Ungeheuerste fortschreitend. Ein Schema hiervon zeigte er gern, mit eigner Hand zierlich geschrieben, worin die Geschlechter nach diesem Sinne gereiht erschienen, mir zu großer Erbauung und Beruhigung.

Vorgesagtem nachdenkend wird man die Vortheile nicht verkennen, die mir meine Lage zu dergleichen Studien gewährte: große Gärten, sowohl an der Stadt als an Lustschlössern, hie und da in der Gegend Baum- und Gebüsch-Anlagen nicht ohne botanische Rücksicht, dazu die Beihülfe einer in der Nachbarschaft längst durchgearbeiteten wissenschaftlichen Localflora, nebst der Einwirkung einer stets fortschreitenden Akademie, alles zusammengenommen gab einem aufgeweckten Geiste genugsame Förderniß zur Einsicht in die Pflanzenwelt.

Indessen sich dergestalt meine botanischen Kenntnisse und Einsichten in lebenslustiger Geselligkeit erweiterten, ward ich eines einsiedlerischen Pflanzenfreundes gewahr, der mit Ernst und Fleiß sich diesem Fache gewidmet hatte. Wer wollte nicht dem im höchsten Sinne verehrten *Johann Jacob Rousseau* auf seinen einsamen Wanderungen folgen, wo er, mit dem Menschengeschlecht verfeindet, seine Aufmerksamkeit der Pflanzen- und Blumenwelt zuwendet, und in echter gradsinniger Geisteskraft sich mit den stillreizenden Naturkindern vertraut macht. [...]

Im Jahr 1822 gab man unter dem Titel *La Botanique de Rousseau* sämmtliche von ihm über diese Gegenstände verfaßten Schriften in klein Folio sehr anständig heraus, begleitet mit farbigen Bildern, nach dem vortrefflichen *Redouté* alle diejenigen Pflanzen vorstellend, von welchen er gesprochen hatte. Bei deren Überblick bemerkt man mit Vergnügen, wie einheimisch ländlich er bei seinen Studien verfahren, indem nur Pflanzen vorgestellt sind, welche er auf seinen Spaziergängen unmittelbar konnte gewahr werden.

Seine Methode: das Pflanzenreich in's Engere zu bringen, neigt sich, wie wir oben gesehen haben, offenbar zur Eintheilung nach Familien; und da ich in jener Zeit auch schon zu Betrachtungen dieser Art hingeleitet war, so machte sein Vortrag auf mich einen desto größern Eindruck. [...]

Das Wechselhafte der Pflanzengestalten, dem ich längst auf seinem eigenthümlichen Gange gefolgt, erweckte nun bei mir immermehr die Vorstellung: die uns umgebenden Pflanzenformen seien nicht ursprünglich determinirt und festgestellt, ihnen sei vielmehr, bei einer eigensinnigen, generischen und specifischen Hartnäckigkeit, eine glückliche Mobilität und Biegsamkeit verliehen, um in so viele Bedingungen, die über dem Erdkreis auf sie einwirken, sich zu fügen und darnach bilden und umbilden zu können.

Hier kommen die Verschiedenheiten des Bodens in Betracht; reichlich genährt durch Feuchte der Thäler, verkümmert durch Trockne der Höhen, geschützt vor Frost und Hitze in jedem Maße, oder beiden unausweichbar bloßgestellt, kann das Geschlecht sich zur Art, die Art zur Varietät, und diese wieder durch andere Bedingungen in's Unendliche sich verändern; und gleichwohl hält sich die Pflanze abgeschlossen in ihrem Reiche, wenn sie sich auch nachbarlich an das harte Gestein, an das beweglichere Leben hüben und drüben anlehnt. Die allerentferntesten jedoch haben eine ausgesprochene Verwandtschaft, sie lassen sich ohne Zwang unter einander vergleichen.

Wie sie sich nun unter einen Begriff sammeln lassen, so wurde mir nach und nach klar und klärer, daß die Anschauung noch auf eine höhere Weise belebt werden könnte: eine Forderung, die mir damals unter der sinnlichen Form einer übersinnlichen Urpflanze vorschwebte. Ich ging allen Gestalten, wie sie mir vorkamen, in ihren Veränderungen nach, und so leuchtete mir am letzten Ziel meiner Reise, in Sicilien, die *ursprüngliche Identität* aller Pflanzentheile vollkommen ein, und ich suchte diese nunmehr überall zu verfolgen und wieder gewahr zu werden.

Hieraus entstand nun eine Neigung, eine Leidenschaft, die durch alle nothwendigen und willkürlichen Geschäfte und Beschäftigungen auf meiner Rückreise durchzog. Wer an sich erfuhr was ein reichhaltiger Gedanke, sei er nun aus uns selbst entsprungen, sei er von andern mitgetheilt oder eingeimpft, zu sagen hat, muß gestehen, welch' eine leidenschaftliche Bewegung in unserm Geiste hervorgebracht werde, wie wir uns begeistert fühlen, indem wir alles dasjenige in Gesammtheit vorausahnen, was in der Folge sich mehr und mehr entwickeln, wozu das Entwickelte weiter führen solle. Und so wird man mir zugeben, daß ich von einem solchen Gewahrwerden, wie von einer Leidenschaft, eingenommen und getrieben, mich, wo nicht ausschließlich, doch durch alles übrige Leben hindurch, damit beschäftigen mußte.

So sehr nun aber auch diese Neigung mich innerlichst ergriffen hatte, so war doch an kein geregeltes Studium nach meiner Rückkehr in Rom zu denken; Poesie, Kunst und Alterthum, jedes forderte mich gewissermaßen ganz, und ich habe in meinem Leben nicht leicht operosere, mühsamer beschäftigte Tage zugebracht. Männern vom Fach wird es vielleicht gar zu naiv vorkommen, wenn ich erzähle, wie ich tagtäglich, in einem jeden Garten, auf Spaziergängen, kleinen Lustfahrten, mich der neben mir bemerkten Pflanzen bemächtigte. Besonders bei der eintretenden Samenreife war es mir wichtig die Art zu beobachten, wie manche derselben der Erde anvertraut, an das Tageslicht wieder hervortraten. So wendete ich meine Aufmerksamkeit auf das Keimen der während ihres Wachsthums unförmlichen *Cactus opuntia*, und sah mit Vergnügen, daß sie ganz unschuldig dikotyledonisch sich in zwei zarten Blättchen enthüllte, sodann aber, bei fernerem Wuchse, die künftige Unform entwickelte.

Auch mit Samenkapseln begegnete mir etwas Auffallendes. Ich hatte derselben mehrere von *Acanthus mollis* nach Hause getragen und in einem offnen Kästchen niedergelegt; nun geschah es in einer Nacht, daß ich ein Knistern hörte und bald darauf das Umherspringen an Decke und Wände wie von kleinen Körpern. Ich erklärte mir's nicht gleich, fand aber nachher meine Schoten aufgesprungen und die Samen umher zerstreut. Die Trockne des Zimmers hatte die Reife bis zu solcher Elasticität in wenigen Tagen vollendet.

Unter den vielen Samen, die ich auf diese Weise beobachtete, muß ich einiger noch erwähnen, weil sie zu meinem Andenken kürzer oder länger in dem alten Rom fortwuchsen. Pinienkerne gingen gar merkwürdig auf, sie huben sich, wie in einem Ei eingeschlossen, empor, warfen aber diese Haube bald ab und zeigten in einem Kranze von grünen Nadeln schon die Anfänge ihrer künftigen Bestimmung. Vor meiner Abreise pflanzte ich das schon einigermaßen erwachsene Vorbildchen eines künftigen Baumes in den Garten der Mad. *Angelica,* wo es zu einer ansehnlichen Höhe, durch manche Jahre gedieh. Theilnehmende Reisende erzählten mir davon zu wechselseitigem Vergnügen. Leider fand der nach ihrem Ableben eintretende Besitzer es wunderlich, auf seinen Blumenbeeten eine Pinie ganz unörtlich hervorgewachsen zu sehen und verbannte sie sogleich.

Glücklicher waren einige Dattelpflanzen, die ich aus Kernen gezogen hatte; wie ich denn überhaupt die Entwikkelung derselben an mehreren Exemplaren beobachtete. Ich übergab sie einem römischen Freunde, der sie in einen Garten pflanzte, wo sie noch gedeihen, wie mir ein erhabener Reisender zu versichern die Gnade hatte. Sie sind bis zur Manneshöhe herangewachsen. Mögen sie dem Besitzer nicht unbequem werden, und fernerhin fortwachsen und gedeihen.

Galt das Bisherige der Fortpflanzung durch Samen, so ward ich auf die Fortpflanzung durch Augen nicht weniger aufmerksam gemacht, und zwar durch Rath *Reiffenstein,* der auf allen Spaziergängen, hier und dort einen Zweig abreißend, bis zur Pedanterie behauptete: in die Erde gesteckt müsse jeder sogleich fortwachsen. Zum entscheidenden Beweis zeigte er dergleichen Stecklinge gar wohl angeschlagen in seinem Garten. Und wie bedeutend ist nicht in der Folgezeit eine solche allgemein versuchte Vermehrung für die botanisch-merkantile Gärtnerei geworden, die ich ihm wohl zu erleben gewünscht hätte.

Am auffallendsten war mir jedoch ein strauchartig in die Höhe gewachsener Nelkenstock. Man kennt die gewaltige Lebens- und Vermehrungskraft dieser Pflanze; Auge ist über Auge an ihren Zweigen gedrängt, Knoten in Knoten hineingetrichtert; dieses war nun hier durch Dauer gesteigert und die Augen aus unerforschlicher Enge zur höchst möglichen Entwickelung getrieben, so daß selbst die vollendete Blume wieder vier vollendete Blumen aus ihrem Busen hervorbrachte.

Zur Aufbewahrung dieser Wundergestalt kein Mittel vor mir sehend, übernahm ich es sie genau zu zeichnen, wobei ich immer zu mehrerer Einsicht in den Grundbegriff der Metamorphose gelangte. Allein die Zerstreuung durch so vielerlei Obliegenheiten ward nur desto hinderlicher, und mein Aufenthalt in Rom, dessen Ende ich voraussah, immer peinlicher und belasteter.

Auf der Rückreise verfolgte ich unablässig diese Gedanken, ich ordnete mir im stillen Sinne einen annehmlichen Vortrag dieser meiner Ansichten, schrieb ihn bald nach meiner Rückkehr nieder und ließ ihn drucken. Er kam 1790 heraus und ich hatte die Absicht bald eine weitere Erläuterung mit den nöthigen Abbildungen nachfolgen zu lassen. Das fortrauschende Leben jedoch unterbrach und hinderte meine guten Absichten, daher ich denn gegenwärtiger Veranlassung des Wiederabdrucks jenes Versuchs mich um so mehr zu erfreuen habe, als sie mich auffordert mancher Theilnahme an diesen schönen Studien seit vierzig Jahren zu gedenken.

Nachdem ich im Vorstehenden, soviel nur möglich war, anschaulich zu machen gesucht habe, wie ich in meinen botanischen Studien verfahren, auf die ich geleitet, getrieben, genöthigt und, durch Neigung daran festgehalten, einen bedeutenden Theil meiner Lebenstage verwendet; so möchte doch vielleicht der Fall eintreten, daß irgend ein sonst wohlwollender Leser hiebei tadeln könnte: als habe ich mich zu viel und zu lange bei Kleinigkeiten und einzelnen Persönlichkeiten aufgehalten; deßhalb wünsche ich denn hier zu erklären, daß dieses absichtlich und nicht ohne Vorbedacht geschehen sei, damit mir nach so vielem Besondern, einiges Allgemeine beizubringen erlaubt sein möge.

Seit länger als einem halben Jahrhundert kennt man mich, im Vaterlande und auch wohl auswärts, als Dichter und läßt mich allenfalls für einen solchen gelten; daß ich aber mit großer Aufmerksamkeit mich um die Natur in ihren allgemeinen physischen und ihren organischen Phänomenen, emsig bemüht und ernstlich angestellte Betrachtungen stetig und leidenschaftlich im Stillen verfolgt, dieses ist nicht so allgemein bekannt, noch weniger mit Aufmerksamkeit bedacht worden.

Als daher mein seit vierzig Jahren in deutscher Sprache abgedruckter Versuch: wie man die *Gesetze der Pflanzenbildung* sich geistreich vorzustellen habe, nunmehr besonders in der Schweiz und Frankreich näher bekannt wurde; so konnte man sich nicht genug verwundern wie ein Poet, der sich bloß mit sittlichen, dem Gefühl und der Einbildungskraft anheim gegebenen Phänomenen gewöhnlich befasse, sich einen Augenblick von seinem Wege abwenden und, in flüchtigem Vorübergehen, eine solche bedeutende Entdeckung habe gewinnen können.

Diesem Vorurtheil zu begegnen, ist eigentlich vorstehender Aufsatz verfaßt; er soll anschaulich machen: wie ich Gelegenheit gefunden einen großen Theil meines Lebens mit Neigung und Leidenschaft auf Naturstudien zu verwenden.

Nicht also durch eine außerordentliche Gabe des Geistes, nicht durch eine momentane Inspiration, noch unvermuthet und auf einmal, sondern durch ein folgerechtes Bemühen bin ich endlich zu einem so erfreulichen Resultate gelangt.

Zwar hätte ich gar wohl der hohen Ehre, die man meiner Sagacität erweisen wollen, ruhig genießen und mich allen-

falls damit brüsten können; da es aber, im Verfolg wissenschaftlichen Bestrebens, gleich schädlich ist, ausschließlich
der Erfahrung als unbedingt der Idee zu gehorchen, so habe
ich für meine Schuldigkeit gehalten das Ereigniß, wie es mir
begegnet, historisch treu, obgleich nicht in aller Ausführ-
lichkeit, ernsten Forschern darzulegen.

GOETHE AN CHARLOTTE VON STEIN
(8.6.1787)

Rom d. 8. Jun.

[...] Sage Herdern daß ich dem Geheimniß der Pflanzen-zeugung und Organisation ganz nah bin und daß es das einfachste ist was nur gedacht werden kann. Unter diesem Himmel kann man die schönsten Beobachtungen machen. Sage ihm daß ich den Hauptpunckt wo der Keim stickt ganz klar und zweifellos entdeckt habe, daß ich alles übrige auch schon im Ganzen übersehe und nur noch einige Punckte bestimmter werden müssen. Die Urpflanze wird das wunderlichste Geschöpf von der Welt über welches mich die Natur selbst beneiden soll. Mit diesem Modell und dem Schlüßel dazu, kann man alsdann noch Pflanzen ins unendliche erfinden, die konsequent seyn müßen, das heißt: die, wenn sie auch nicht existiren, doch existiren könnten und nicht etwa mahlerische oder dichterische Schatten und Scheine sind, sondern eine innerliche Wahrheit und Nothwendigkeit haben. Dasselbe Gesetz wird sich auf alles übrige lebendige anwenden laßen. [...]

ZUM BEQUEMEN GEDÄCHTNIS DER
15 NATÜRLICHEN KLASSEN

Wie sie uns Jussieu gibt, versucht ich folgende Verse.
Ohne Samenstück keimen: die Schwämme, die
Algen, die Leber-
Und die übrigen Moose, die Farren und die Najaden.
Einfach ist der Samenkern und die Stamina
Stehen über der Frucht in einfach blühender Blume
Als der Arums, der Typhen, der Cyperos und die
Gräser.
Um die Frucht sind die Faden gestellt bei Palmen
und Spargeln
Rohren, Lilien und Bromelien auch Asphodelen
Bei Narcissen und Iris, und unterfrüchtig die Faden
Bei den Musen und Cannen, bei Orchis und
Wassererfreuten.
Groß ist die Zahl der Pflanzen mit doppeltem
Kernstück, sie folgen
Ohne Blumen Blatt unter der Frucht die Fäden, sie
heißen
Aristolochien allein. und nur die

TAG- UND JAHRESHEFTE ALS ERGÄNZUNG MEINER SONSTIGEN BEKENNTNISSE

1800. 1801.

Die Naturforschung verfolgte still ihren Gang. Ein sechsfü-
ßiger Herschel war für unsere wissenschaftlichen Anstalten
angeschafft. Ich beobachtete nun einzeln mehrere Mond-
wechsel, und machte mich mit den bedeutendsten Licht-
gränzen bekannt, wodurch ich denn einen guten Begriff
von dem Relief der Mondoberfläche erhielt. Auch war mir
die Haupteintheilung der Farbenlehre in die drei Haupt-
massen, die didaktische, polemische und historische, zuerst
ganz klar geworden, und hatte sich entschieden.

Um mir im Botanischen das Jussieu'sche System recht
anschaulich zu machen, brachte ich die sämmtlichen Kupfer mehrerer botanischen Octav-Werke in jene Ordnung;
ich erhielt dadurch eine Anschauung der einzelnen Gestalt
und eine Übersicht des Ganzen, welches sonst nicht zu erlangen gewesen wäre.

GOETHE AN NEES VON ESENBECK
(24.4.1823)

Von Ew. Hochwohlgeboren erreicht mich eine angenehme Gabe nach der andern, und ich kann gegenwärtig nur ein dankbares Lebenszeichen zurückgeben; doch überzeugt mich Ihre herzliche Teilnahme an meiner Gefahr und Rettung, daß der Beginn einer frischen Mitteilung manches Erfreuliche für die Zukunft verspricht.

Daß Sie mich bei so einer herrlich ausgezeichneten Pflanze zum Gevattersmann berufen und meinem Namen dadurch eine so schöne Stelle unter den wissenschaftlichen Gegenständen anweisen, ist, wie Sie selbst fühlen und bemerken, im gegenwärtigen Augenblick doppelt rührend und eingänglich. Wenn man nahe dran war sich selbst aufzugeben und nun wieder mit Wohlwollen und öffentlichem Zeugnis desselben überhäuft wird, so erregt dies ein Gefühl, dem man sich nicht hingeben, gegen das man sich eher in's Gleichgewicht setzen müßte.

Finden Sie es der Sache gemäß, so danken Sie, mich zum besten empfehlend, des Prinzen von Neuwied Durchlaucht, ohne dessen Genehmigung einer seiner vorzüglichsten Reiseschätze wohl nicht zu meinen Gunsten verwendet werden können; danken Sie Herrn v. Martius, welcher sich namentlich zu dieser Begünstigung bekannte; Herrn d'Alton für seine Teilnahme, durch welche das Ganze so außerordentlich schön ausgestattet worden.

Ferner hab ich denn auch der handschriftlichen Mitteilungen zu meinen Heften dankbarlichst zu erwähnen; doch muß ich deren Gebrauch bis auf das Nächste verschieben, da meine tätigen Freunde während meiner Krankheit am Drucke nicht nachgelassen und die vorhandenen Artikel typographisch gefördert, so daß ich Morphologie und Naturwissenschaftliches ihrem Ziele nahe finde. Indessen auch Herrn Nöggerath die verbindlichste Anerkennung seines Andenkens.

Die schöne Auslegung, die Sie in Ihrem letzten Schreiben der zugeeigneten Pflanze geben, erhöht den Wert der Gabe; sollte sich in der Folge ein koloriertes Exemplar möglich machen, so würde ich mich auf jede Weise zum Schuldner bekennen.

Herr Professor v. Münchow hat meine Grüße gewiß freundlich lebhaft ausgerichtet; er versetzte mich durch Gegenwart und Erzählung in Ihren schönen Kreis, in dem ich mich wohl auch einmal zu erfreuen wünschte.

Gar manches wäre noch zu erwähnen, doch schließe mein wiederholter Dank und Wunsch zur Fortsetzung alles Freundlichen und Geneigten.

in der Ferne gegenwärtig

Weimar den 24. April 1823.   J. W. v. Goethe.

[...] Schon 1821 hatte Nees, wie er Goethe im Brief vom 5. 4. 1823 berichtete, ein in Brasilien einheimisches Malvazeengewächs untersucht und nach Goethe benannt. Seinem Brief lag die von ihm und Martius verfaßte Beschreibung

der ›Goethea‹ mit zwei Tafeln (Abb. der ›Goethea cauliflo-
ra‹ und ›Goethea semperflorens‹) bei. Diese Abhandlung
Goethea, novum plantarum genus (Bonn 1823) hatte Goethe
schon im November 1822, aber ohne die Abb. erhalten. –
Wie Nees übrigens in seiner anonymen Rezension der na-
turwissenschaftlichen Schriften Goethes […] mitteilt, stif-
tete einst der Weimarer Naturforscher Batsch (1761-1802)
»eine *Goethea* aus der Familie der *Semperviveen*, die wieder
einging«; es möge daher »eine bleibende *Goethea* ⟨…⟩ aufer-
stehen, aber sie sey ein Kind des andern Welttheils« […].

Der Naturforscher Maximilian Prinz von Wied-Neu-
wied brachte von seiner wissenschaftlichen Expedition in
Brasilien (1815-17) diese scharlachrot blühende Malvacea,
die er an Ort und Stelle als unbekanntes Genus taxiert
hatte, nach Europa. In *Dankbare Gegenwart* (1823) spricht
Goethe von der »von hoher Hand in fernen Landen gewon-
nenen Pflanze«.

[…] Der Botaniker [Martius] und Ethnograph hatte von
1817-20 selber an einer Forschungsreise in Brasilien teilge-
nommen. Er berichtete Goethe am 23.10.1823 von einer gewissen Rivalität unter den befreundeten Forschern: Schon
in Brasilien habe er »einen edlen Strauch aus der Familie
der Myrten Goethea begrüßt, den ich nach meiner Rückkehr dargebracht haben würde, wäre mir nicht der doppelte
Wunsch des heroischen Prinz Max und des alten Freundes
Nees entgegengekommen« […].

SORET AN E. DUMONT
(2. 1. 1829)

[...] Meine Übersetzung der »Metamorphose der Pflanzen«, d. h. des Hauptwerkes, ohne die neuen Zusätze, ist fertig; das Lob, das Herr de Candolle ihm spendet, verdient es wahrlich, ich finde sogar, sein Lob könnte etwas wärmer sein, denn ich sehe in diesem Werk des Dichters mehr als geniale Intuition, vielmehr ein vollständiges System der heute geltenden Physiologie, Behauptung und Beweis in einem Wurf. Irrtümer mögen darin sein, Irrtümer in Einzelheiten oder im Ausdruck, aber die Grundlage ist unantastbar. Ich habe gleichwohl Herrn von Goethe die Stelle aus Ihrem Brief vorgelesen; die Anerkennung schien ihm sehr wohl zu tun, und er versicherte mir, wie sehr es ihn freue, Männer wie de Candolle und Dumont zu Freunden zu haben. Der Neuausgabe der »Metamorphose« wollte Goethe einige philosophische Betrachtungen voransetzen; es ist mir gelungen, ihn von Erörterung metaphysischer Fragen in einem ganz auf Tatsachen aufgebauten Werk abzubringen. Nicht als ob er meine Ansicht für richtig gehalten hätte, aber er sah ein, daß man sich dem Geschmack französischer Leser anpassen müsse und daß man, wolle man einmal die Aufmerksamkeit der eigentlichen Botaniker gewinnen, ihnen nicht durch Allgemeinheiten, die ihnen hier überflüssig vorkommen würden, geradezu eine Handhabe zu Zweifeln bieten dürfe. Goethe hat also zur »Metamorphose« eine neue Vorrede und mehrere Nachträge geschrieben, außerdem hat er einige Kapitel der de Candolleschen »Organographie« übersetzt; alles zusammen wird einen ziemlich stattlichen Band geben. Glücklicherweise saß der Dichter seit zwei Monaten bis über den Kopf in Arbeit an der Neuausgabe seiner Werke, und er rechnet auf mich erst in einigen Wochen; ich hätte unmöglich inzwischen die Nachträge zu seinem Werk übersetzen können, da die Großherzogin mehr Arbeit für mich hatte als mir lieb war. [...]

[...] 5. Meine Metamorphose der Pflanzen mit einigen Zusätzen, alles übersetzt von Herrn Soret, liegt denn endlich auch bei. Da dieses Heft Ursache der retardierten Sendung ist, so wünsch ich denn doch, daß der Inhalt auch Ihnen möge von Bedeutung sein. Gewinnen Sie dem Ganzen etwas ab, so wird es Sie nach manchen Seiten hin fördern, auch das Einzelne wird Ihre Gedanken auf erfreuliche ⟨Wege⟩ hinweisen. Es waren die schönsten Zeiten meines Lebens, da ich mich um die Naturgegenstände eifrig bemühte, und auch in diesen letzten Tagen war es mir höchst angenehm, die Untersuchungen wieder aufzugreifen. Es bleibt immer ein herzerhebendes Gefühl, wenn man dem Unerforschlichen wieder einige lichte Stellen abgewinnt. [...]

Ew. Wohlgeboren
sehr werte Blätter bestätigen meine Gefühle und Gedanken, die sich bei Abfassung meines Schreibens zu regen be-
gannen, daß man nämlich die Art und Weise, wie eine in's
Leben tretende Idee fortgewirkt habe, eigentlich historisch
nicht werde darstellen können: denn sie weckt sogleich
die Eigenheiten der Individuen auf, wirkt psychisch, wirkt
moralisch und kommt daher in den Fall, anstatt einer reinen gesunden Entwicklung zu genießen, vom rechten Wege
krankhaft abgeleitet zu werden. Wird ja ebnermaßen die
Geschichte der Kirchen und Nationen dadurch so verwirrt,
daß der Hauptgedanke, der höchst rein und klar den Welt-
lauf begleiten mag, durch den Augenblick, das Jahrhundert,
durch Lokalitäten und sonstige Besonderheiten getrübt, gestört und abgelenkt wird.

Wenn wir aus uns selbst etwas Echtes, Würdiges gewahr
werden, ist es die angenehmste Empfindung; auch eine wich-
tige Überlieferung, indem sie unsere bereiten Fähigkeiten
aufschließt, veranlaßt ein freudiges Auffassen; und doch
sind wir in beiden Fällen nicht sicher, das Gewonnene recht
zu gebrauchen, das Erlangte gehörig durchzuführen und zu
benutzen.

Herzlichen Dank deshalb für die ausführliche Ableitung
der verschiedenen Sprossungen jenes Samenkorns! Ich werde weiter darüber denken und mir alles anzueignen suchen.

Dann melde wieder und frage weiter an. Es ist der Mühe wert sich hierüber aufzuklären.

Sonderbar ist es, daß der Mensch nicht so leicht begreift, wie rätlich und nützlich es sei, die einmal anerkannten Anfänge getrost gelten zu lassen, indem wir uns in der Anwendung doch immer unendlich abzumüden haben. Mäkelt man doch nicht am Einmal-Eins und rechnet in Gottes Namen lebenslänglich weiter.

Mir war dieses wunderliche Bestreben der Menschen, immer auf ihre eigne Weise von vorn anfangen zu wollen, desto auffallender, als ich für mich selbst und um mein selbst willen auf das Erste hinzudringen strebte und, wo ich es auch finden mochte, in der Natur oder Überlieferung, nachher unbesorgt blieb, wie sich Leben aus und auf Leben enthüllen mochte. Anstatt aber das Einfachere sich und andern fruchtbar zu entwickeln, dreht man sich um den Anfang herum, dem man doch eher nichts abgewinnt, als wenn man auf ein lebendiges Fortschreiten aufmerkt.

Wenn daher Ihr wackrer Respondent sagt und darauf beharrt: die Kotyledonen seien

Primi nodi folia,

so hat er alles Mögliche ausgesprochen. Folia und nodus sind die ganze Pflanze, die lasse man nun wachsen und sich entwickeln, und alles wird kongruieren.

La nature est une redite perpetuelle.

An der Mannichfaltigkeit der Welterscheinungen freut sich der Lebemensch, an der Einheit dieser Mannichfaltigkeit der höhere Forscher.

Auch die stockende Wirkung meiner Farbenlehre hat mich hierüber denken lassen. Wenn die Herrn vom Fach sie ablehnen und verrufen, so ist es natürlich; sie müssen dem Borstbesen fluchen, der ihre Gespinste bedroht. Daß aber vorzügliche, gute, wohlsinnige Männer, jüngere und ältere, die mit Eifer und Überzeugung daran gingen, doch gar bald an gewissen Punkten stockten und stecken blieben, mußte mir auffallen. Ich sah's mit Bedauern. Weniges von solchem Bestreben ist in's Publikum gekommen. Ich habe mir im Stillen Mühe gegeben mit diesen schätzbaren Personen, und ich mußte doch zuletzt auf das alte Wort wieder zurückkommen:

Longe aliter utimur propriis quam alienis.

Sie sehen, daß ich mich nach einer langen Abwesenheit wieder ganz bei Ihnen zu Hause finde. Lassen Sie mich so fortfahren und sagen mir auch einiges, was man gewöhnlich nicht sagt, von Zeit zu Zeit.

Gegenwärtiges sollte eigentlich nur ankündigen, daß mit dem heutigen Postwagen an Sie abgeht: eine Rolle, umwunden mit der Abbildung des Anthericum comosum, einem dazu gehörigen Druckblatt und einem geschriebenen zu fernerer An- und Umsicht.

Sodann ist am Ende dieses Stabes angebracht: ein hohler Pappenraum, in welchem zwei Stolonen gedachter Pflanze sich befinden. Bringen Sie solche sogleich in die Erde, und die Andeutungen der Luftwurzeln werden sich bald in Erdwurzeln verwandeln und sodann die haargleichen Stengelchen mit Büscheln geendigt hervortreten. Die Fortpflanzungsgabe dieser species ist ganz grenzenlos, jeder Knoten ist ein unerschöpflicher Quirl von Augen, und hiezu denke man sich, daß die zahllosen Blüten, die sich freilich auf heimischem Boden noch lebhafter und häufiger entwickeln mögen, auch alle Samen tragen.

Ein vierecktes Paquet, wie jenes in Wachspapier, enthaltend die beiden letzten Stücke von Kunst und Altertum, in welchen Sie das liebenswürdige Gedicht freundlich anblikken möge!

Übrigens fahre zu guter Stunde mit dergleichen Betrachtungen fort, um, wenn ich die Nachricht von der Ankunft meiner Sendung erhalte, sogleich wieder einiges erwidern zu können.

Gründlich teilnehmend

ergebenst

Weimar den 23. April 1829.   J. W. v. Goethe.

Wir lesen von großem Unglück, das die Weichsel auf ihrem Laufe bis Danzig angerichtet hat; da der Pregel einen ungleich kürzern Weg durchläuft, so wird wohl Königsberg von dergleichen Unglück verschont geblieben sein?

Nun aber lege ich noch ein Blättchen bei, um auszusprechen, was Sie mir ohnehin zutrauen, daß ich mich herzlich freue über das Ihnen neuerlich gewordene Gute. Hängt doch unser inneres Tun so sehr mit unsern äußern Zuständen zusammen, daß eins durch das andere gefördert oder gehindert wird.

Mit Ungeduld erwart ich Ihre Schrift über die Vegetation von Labrador, und da tritt die Frage wohl wieder auf: inwiefern in Absicht auf Begünstigung des Pflanzenwachstums die mittlere Temperatur oder die höchste des Jahres zu beachten sei.

Sodann aber lassen Sie mich nicht lange auf die allgemeine Morphologie der Pflanze warten. Meine Freunde haben sich zu eilen, wenn sie mich von den Resultaten ihrer Forschungen wollen genießen lassen. Nun aber, da noch Raum übrig ist, wird es Sie gewiß interessieren, zu erfahren, wie es mit der Pflanzenwelt bei uns aussieht: die Schneeglöckchen wuchsen etioliert unter dem Schnee und gaben keine erfreuliche Blüte; die Krokus kamen zu rechter Zeit, wurden aber durch gewaltsame Regen niedergeschlagen. Den 7. April zog ein großes Gewitter herauf; der Regen wütete gar sehr, ein Wandernder ward auf freiem Felde erschlagen. Jetzt stehen die Kaiserkronen, mit denen ich etwas chinesisch meinen Garten verziert habe, in völliger Pracht; sie kamen nicht zu früh und litten nicht im Wachstum. Die gelbroten stehen in völliger Blüte, die hellgelben noch nicht, wie diese denn überhaupt einen schwächern Wachstum zeigen (wobei ich bemerke, daß die violetten und weißen Krokus später als die hochgelben hervortreten; die mehr energische Farbe deutet auf ein rascheres, ja selbst mehr charakteristisches Leben). Dies alles ereignet sich vor meinem Fenster, wo denn auch die Knospen der Zwergmandel sich zu röten anfangen. Die grünen Wunderhäupter der monstrosen Tulpen fangen an sich zu färben, und die Knospen der Birnbäume sind im Begriff sich aufzu-

schließen. Zugleich kommt der alte Pflanzen- und Kräuter-
mann von Ziegenhayn und bringt die Rediten der Flora
Jenensis von Ruppe's Zeiten und wer weiß wie lange her,
welche mich noch jedes Frühjahr seit mehr als 50 Jahren
heimsuchen. Zum scherzhaften Zeugnis der heutigen Lek-
tion lege seine Zettelchen bei; sie mögen zum Beweis dienen, daß die Pflanzenlust noch immer um mich her lebendig ist.

treulichst

Weimar den 23. April 1829. G.

⟨Beilage:⟩

Adonis vernalis, 13, Böhmische Christwurz.

Pulmonaria officinalis, 5, Lungenkraut.

Thlaspi montanum, 15, Täschelkraut.

Veronica triphyllos, 12, Ehrenpreis.

Lamium purpureum, 14, Taube Nessel.

Primula veris elatior, 5, Waldschlüsselblume.

Adoxa moschatellina, 8, Bisamkraut.

Primula officinalis, 5, Schlüsselblume.

Salix fragilis, 22, Bruchweide.

Brassica napus, 15, Rapssame.

[...] Bei den Zusammenkünften deutscher Naturforscher zu München und Berlin gelang es unserm so kenntniß- als geistreichen Ritter von Martius, durch einige wissenschaftliche Vorträge, alles bisher für die Morphologie [...] in der Pflanzenwelt Gewonnene in sich selbst abzuschließen, indem er auf die Tendenz der Gewächse, wodurch Blüthe und Fruchtstand eigentlich gebildet und bestimmt wird, aufmerksam machte, und die wir die *Spiraltendenz* nennen möchten. Er drückt sich darüber, wie uns die Jahrgänge der Isis 1827 und 1828 vermelden, folgendermaßen aus.

»Dieser Fortschritt in Kenntniß des Pflanzenlebens ist das Resultat jener morphologischen Ansicht, welche man die Metamorphose der Pflanzen benennt.

Alle Organe der Blüthe: Kelch, Krone, Staubfäden und Fruchtknoten sind umgestaltete Blätter.

Sie sind also im Wesen gleiche, nur durch die Potenz ihrer Metamorphose verschiedene Blätter.

Die Construction einer Blüthe beruht demgemäß auf einer, für jede Gattung eigenthümlichen Stellung und Anordnung einer gewißen Anzahl metamorphosirter Blätter.

Diese, innerlich identisch, äußerlich vielgestaltet, lagern sich gegen das Ende eines Zweiges, oder auch Blüthenstiels, [...] um eine gemeinsame Axe her, bis sie in Vereinigung und gegenseitiger Bindung Stillstand gefunden haben.«

So weit nur das Allernothwendigste mit den eigenen

Worten und, wir hoffen, auch hier im Sinne des edlen Verfassers aufgestellt. […]

Das Studium der angeführten Aufsätze, eine mündliche vertraute Unterhaltung mit dem vorzüglichen Manne, ein, zu Versinnlichung dieser problematischen Naturwirkung ausgedachtes Modell, befähigten uns, diese bedeutenden Ansichten zu verfolgen und eine Ueberzeugung zu gewinnen, welche wir kein Bedenken tragen hier mitzutheilen, wenn wir Nachstehendes zu besserm Verständniß eingeschaltet haben.

Dem Botaniker überhaupt, besonders dem anatomirenden, sind die Spiralgefäße genugsam bekannt, sie werden in ihrer Mannichfaltigkeit beobachtet, unterschieden und benamt, wenn gleich ihre eigentliche Bestimmung für problematisch gehalten wird. Wir aber betrachten sie hier als die kleinsten Theile, welche dem Ganzen dem sie angehören vollkommen gleich sind, und, als Homoiomerien anzusehen, ihm ihre Eigenheiten mittheilen und von demselben wieder Eigenschaft und Bestimmung erhalten. Es wird ihnen ein Selbstleben zugeschrieben, die Kraft sich an und für sich zu bewegen und eine gewiße Richtung anzunehmen; der vortreffliche Dutrochet nennt dieses eine *vitale Incurvation.*

Indem wir nun die Betrachtung solcher constituirenden Theile beseitigen, verfolgen wir jetzt den Gang unsres Vortrags.

Wir mußten annehmen: es walte in der Vegetation eine allgemeine *Spiraltendenz,* wodurch, in Verbindung mit dem verticalen Streben, aller Bau, jede Bildung der Pflanzen, nach dem Gesetze der Metamorphose vollbracht wird.

Die zwei Haupttendenzen also, oder wenn man will, die beiden lebendigen Systeme, wodurch das Pflanzenleben sich wachsend vollendet, sind das Vertical-System und das Spiral-System; keins kann von dem andern abgesondert gedacht werden, weil nur eins durch das andere lebendig wirkt. Aber nöthig ist es, zur bestimmteren Einsicht, besonders zu einem Vortrag, sie in der Betrachtung zu trennen und zu untersuchen: wie denn eins oder das andere waltet, bald seinen Gegensatz überwältigt, bald von ihm überwältigt wird, oder sich mit ihm ins gleiche zu stellen weiß; wodurch uns die Eigenschaften dieses unzertrennlichen Paares desto anschaulicher werden müssen.

Die Verticaltendenz äußerst sich von den ersten Anfängen des Keimens an, sie ist es, wodurch die Pflanze in der Erde wurzelt und zugleich sich in die Höhe hebt; sie verharrt vom Anfang bis zum Ende und manifestirt sich zugleich als solidescirend, es sei nun in langgestreckten Fasern und Fäden, oder selbst in der stracken, starr aufgerichteten Bildung des Holzes. Auch ist es dieselbe Naturkraft, welche unaufhaltsam von Knoten zu Knoten in die Höhe oder sonst fortschiebt, die einzelnen Spiralgefäße mit sich fortreißt und so, indem sie Leben nach Leben fördert und steigert, eine Continuität des Ganzen sogar in rankenden und kriechenden Gewächsen folgerecht hervorbringt.

Im Blüthenstande zeigt sie sich jedoch am entschiedensten, indem sie die Axe jeder Blumengestaltung bildet. Am besten aber fällt sie in die Augen, wenn sie, im Kolben, in der Spatha, sich als Stab und Stütze der endlichen Erfüllung deutlich erweist; deshalb man denn auch bei den neueren Ansichten die verticale Tendenz immer im Auge zu behalten und sie als das männlich stützende Princip anzusehen hat.

Die Spiraltendenz dagegen wollen wir als das eigentlich producirende Lebensprincip ansehen; es ist mit jenem innigst verwandt, aber vorzugsweise auf die Peripherie angewiesen; sie kann indeß auch gleich bei der ersten Keimung schon eintreten, wie wir an dem Beispiel einiger Winden wahrzunehmen haben.

Jedoch erweist sie sich am auffallendsten bei Endigungen und Abschlüssen. Wie denn die sogenannten zusammengesetzten Blätter öfters in Cirren und Vrillen auslaufen; auch ganze Zweiglein, in welchen die saftigen Gefäße überhand nehmen, die Solidescenz aber vermißt wird, als Gabeln, Böcklein und dgl., in schnellerer oder langsamerer Krümmung erscheinen.

Bei Monocotyledonen macht sie sich im Laufe des Wachsthums seltener augenfällig. Die Vertical- oder Longitudinal-Tendenz scheint zu überwiegen; Blätter und Stengel werden durch gerade Fasern in die Länge getrieben und so ist mir weder Cirrus noch Vrille in dieser großen Pflanzenabtheilung begegnet.

Wie aber auch in dem Fortschritt des Pflanzenwachsthums die Spiraltendenz sich verbergen, oder irgend merklich hervordringen mag, so herrscht sie doch zuletzt bei aller Blüthen- und Fruchtstellung, wo sie, ihren Mittelpunct tausendfältig umschlingend, das Wunder bewirkt, daß eine einzelne Pflanze zuletzt befähigt wird, eine unendliche Vermehrung aus sich selbst herauszuschöpfen.

Womit wir denn wieder zu unserm Anfange zurückkehren und die ursprünglichen Worte, die uns zuerst auf so mannichfaltige Gedanken geführt, wieder in Erinnerung bringen.

Giebt uns nun das Vorgesagte die erwünschte Aufklärung über das regelmäßige Pflanzengebilde, so leisten dieselben Maximen das Gleiche zu Beurtheilung der mannichfaltigsten, aus dem Gesetz der bestimmten Formen heraustretenden Mißwüchse, wie sich dem weiter Denkenden und Forschenden gar wohl offenbaren wird. […]

4. LIEBESGARTEN

ZUR MORPHOLOGIE UND DIE METAMORPHOSE DER PFLANZEN

[...] Von andern Seiten her vernahm ich ähnliche Klänge, nirgends wollte man zugeben, daß Wissenschaft und Poesie vereinbar seien. Man vergaß, daß Wissenschaft sich aus Poesie entwickelt habe, man bedachte nicht, daß, nach einem Umschwung von Zeiten, beide sich wieder freundlich, zu beiderseitigem Vortheil, auf höherer Stelle, gar wohl wieder begegnen könnten.

Freundinnen, welche mich schon früher den einsamen Gebirgen, der Betrachtung starrer Felsen gern entzogen hätten, waren auch mit meiner abstrakten Gärtnerei keineswegs zufrieden. Pflanzen und Blumen sollten sich durch Gestalt, Farbe, Geruch auszeichnen, nun verschwanden sie aber zu einem gespensterhaften Schemen. Da versuchte ich diese wohlwollenden Gemüther zur Theilnahme durch eine Elegie zu locken, der ein Platz hier gegönnt sein möge, wo sie, im Zusammenhang wissenschaftlicher Darstellung, verständlicher werden dürfte, als eingeschaltet in eine Folge zärtlicher und leidenschaftlicher Poesien.

Dich verwirret, Geliebte, die tausendfältige Mischung
    Dieses Blumengewühls über dem Garten umher;
Viele Namen hörest du an und immer verdränget,
    Mit barbarischem Klang, einer den andern im Ohr.
Alle Gestalten sind ähnlich, und keine gleichet der
                        andern;

Und so deutet das Chor auf ein geheimes Gesetz,
Auf ein heiliges Räthsel. O, könnt' ich dir, liebliche
Freundin,
Überliefern sogleich glücklich das lösende Wort!
Werdend betrachte sie nun, wie nach und nach sich
die Pflanze,
Stufenweise geführt, bildet zu Blüthen und Frucht.
Aus dem Samen entwickelt sie sich, sobald ihn der
Erde
Stille befruchtender Schoos hold in das Leben
entläßt,
Und dem Reize des Lichts, des heiligen, ewig bewegten,
Gleich den zärtesten Bau keimender Blätter
empfiehlt.
Einfach schlief in dem Samen die Kraft; ein
beginnendes Vorbild
Lag, verschlossen in sich, unter die Hülle gebeugt,
Blatt und Wurzel und Keim, nur halb geformet und
farblos;
Trocken erhält so der Kern ruhiges Leben bewahrt,
Quillet strebend empor, sich milder Feuchte
vertrauend,
Und erhebt sich sogleich aus der umgebenden
Nacht.
Aber einfach bleibt die Gestalt der ersten
Erscheinung;
Und so bezeichnet sich auch unter den Pflanzen
das Kind.

Gleich darauf ein folgender Trieb, sich erhebend,
erneuet,
Knoten auf Knoten gethürmt, immer das erste
Gebild.
Zwar nicht immer das gleiche; denn mannichfaltig
erzeugt sich,
Ausgebildet, du siehst's, immer das folgende Blatt,
Ausgedehnter, gekerbter, getrennter in Spitzen und
Theile,
Die verwachsen vorher ruhten im untern Organ.
Und so erreicht es zuerst die höchst bestimmte
Vollendung,
Die bei manchem Geschlecht dich zum
Erstaunen bewegt.
Viel gerippt und gezackt, auf mastig strotzender
Fläche,
Scheinet die Fülle des Triebs frei und unendlich
zu sein.
Doch hier hält die Natur, mit mächtigen Händen,
die Bildung
An und lenket sie sanft in das Vollkommnere hin.
Mäßiger leitet sie nun den Saft, verengt die Gefäße,
Und gleich zeigt die Gestalt zärtere Wirkungen an.
Stille zieht sich der Trieb der strebenden Ränder
zurücke,
Und die Rippe des Stiels bildet sich völliger aus.
Blattlos aber und schnell erhebt sich der zärtere
Stengel,

Und ein Wundergebild zieht den Betrachtenden
an.
Rings im Kreise stellet sich nun, gezählet und ohne
Zahl, das kleinere Blatt neben dem ähnlichen hin.
Um die Achse gedrängt entscheidet der bergende
Kelch sich,
Der zur höchsten Gestalt farbige Kronen entläßt.
Also prangt die Natur in hoher voller Erscheinung,
Und Sie zeiget, gereiht, Glieder an Glieder gestuft.
Immer staunst du auf's neue, so bald sich am Stengel
die Blume
Über dem schlanken Gerüst wechselnder Blätter
bewegt.
Aber die Herrlichkeit wird des neuen Schaffens
Verkündung,
Ja, das farbige Blatt fühlet die göttliche Hand.
Und zusammen zieht es sich schnell; die zärtesten
Formen,
Zweifach streben sie vor, sich zu vereinen bestimmt.
Traulich stehen sie nun, die holden Paare,
beisammen,
Zahlreich ordnen sie sich um den geweihten Altar.
Hymen schwebet herbei und herrliche Düfte,
gewaltig,
Strömen süßen Geruch, alles belebend, umher.
Nun vereinzelt schwellen sogleich unzählige Keime,
Hold in den Mutterschoos schwellender Früchte
gehüllt.

Und hier schließt die Natur den Ring der ewigen
Kräfte;
Doch ein neuer sogleich fasset den vorigen an,
Daß die Kette sich fort durch alle Zeiten verlänge,
Und das Ganze belebt, so wie das Einzelne, sei.
Wende nun, o Geliebte, den Blick zum bunten
Gewimmel,
Das verwirrend nicht mehr sich vor dem Geiste
bewegt.
Jede Pflanze verkündet dir nun die ew'gen Gesetze,
Jede Blume, sie spricht lauter und lauter mit dir.
Aber entzifferst du hier der Göttin heilige Lettern,
Überall siehst du sie dann, auch in verändertem
Zug.
Kriechend zaudre die Raupe, der Schmetterling eile
geschäftig,
Bildsam ändre der Mensch selbst die bestimmte
Gestalt!
O! gedenke denn auch, wie aus dem Keim der
Bekanntschaft
Nach und nach in uns holde Gewohnheit entsproß,
Freundschaft sich mit Macht in unserm Innern
enthüllte,
Und wie Amor zuletzt Blüthen und Früchte
gezeugt.
Denke, wie mannichfach bald die, bald jene
Gestalten,
Still entfaltend, Natur unsern Gefühlen geliehn!

147

Freue dich auch des heutigen Tags!   Die heilige
                                                                          Liebe
        Strebt zu der höchsten Frucht gleicher
                                              Gesinnungen auf,
        Gleicher Ansicht der Dinge, damit in harmonischem
                                                       Anschaun
        Sich verbinde das Paar, finde die höhere Welt.

Höchst willkommen war dieses Gedicht, der eigentlich Geliebten, welche das Recht hatte die lieblichen Bilder auf sich
zu beziehen; und auch ich fühlte mich sehr glücklich als das
lebendige Gleichniß unsere schöne vollkommene Neigung
steigerte und vollendete; von der übrigen liebenswürdigen
Gesellschaft aber hatte ich viel zu erdulden, sie parodirten
meine Verwandlungen durch märchenhafte Gebilde necki-
scher, neckender Anspielungen.

GEFUNDEN

Ich ging im Walde
So für mich hin,
Und nichts zu suchen
Das war mein Sinn.

Im Schatten sah' ich
Ein Blümchen stehn,
Wie Sterne leuchtend,
Wie Äuglein schön.

Ich wollt' es brechen;
Da sagt' es fein:
Soll ich zum Welken
Gebrochen sein?

Ich grub's mit allen
Den Würzlein aus,
Zum Garten trug ich's
Am hübschen Haus.

Und pflanzt es wieder
Am stillen Ort;
Nun zweigt es immer
Und blüht so fort.

Beide Liebende, sich ihres Zustandes bewußt, vermieden sich allein zu begegnen; aber herkömmlicher Weise konnte man nicht umgehen sich in Gesellschaft zu finden. Da war mir denn die stärkste Prüfung auferlegt, wie eine edel fühlende Seele einstimmen wird, wenn ich mich näher erkläre. Gestehen wir im Allgemeinen, daß bei einer neuen Bekanntschaft, einer neu sich anknüpfenden Neigung über das Vorhergehende der Liebende gern einen Schleier zieht; die Neigung kümmert sich um keine Antezedenzien, und wie sie blitzschnell genialisch hervortritt, so mag sie weder von Vergangenheit noch Zukunft wissen. Zwar hatte sich meine nähere Vertraulichkeit zu Lili gerade dadurch eingeleitet daß sie mir von ihrer frühern Jugend erzählte: wie sie von Kind auf durchaus manche Neigung und Anhänglichkeit, besonders auch in Fremden ihr lebhaftes Haus besuchenden, erregt und sich daran ergötzt habe, obgleich ohne weitere Folge und Verknüpfung.

Wahrhaft Liebende betrachten alles was sie bisher empfunden nur als Vorbereitung zu ihrem gegenwärtigen Glück, nur als Base worauf sich erst ihr Lebensgebäude erheben soll. Vergangene Neigungen erscheinen wie Nachtgespenster die sich vor dem anbrechenden Tage wegschleichen. Aber was ereignete sich! Die Messe kam heran, und so erschien der Schwarm jener Gespenster in ihrer Wirklichkeit; alle Handelsfreunde des bedeutenden Hauses kamen nach und nach heran, und es offenbarte sich schnell daß keiner einen gewissen Anteil an der liebenswürdigen Tochter völlig aufgeben wollte noch konnte. Die Jüngeren, ohne zudringlich zu sein, erschienen doch als Wohlbekannte, die Mittleren mit einem gewissen verbindlichen Anstand, wie solche die sich beliebt machen und allenfalls mit höheren Ansprüchen hervortreten möchten. Es waren schöne Männer darunter, mit dem Behagen eines gründlichen Wohlstandes.

Nun aber die alten Herren waren ganz unerträglich mit ihren Onkelsmanieren, die ihre Hände nicht im Zaum hielten und bei widerwärtigem Tätscheln sogar einen Kuß verlangten, welchem die Wange nicht versagt wurde; Ihr war so natürlich dem allen anständig zu genügen. Allein auch die Gespräche erregten manches bedenkliche Erinnern; von jenen Lustfahrten wurde gesprochen zu Wasser und zu Lande, von mancherlei Fährlichkeiten mit heiterem Ausgang, von Bällen und Abendpromenaden, von Verspottung lächerlicher Werber und was nur eifersüchtigen Ärger in dem Herzen des trostlos Liebenden aufregen konnte, der gleichsam das Fazit so vieler Jahre auf eine Zeitlang an sich gerissen hatte. Aber unter diesem Zudrang, in dieser Bewegung versäumte sie den Freund nicht, und wenn sie sich zu ihm wendete, so wußte sie mit wenigem das Zarteste zu äußern was der gegenseitigen Lage völlig geeignet schien.

Doch! Wenden wir uns von dieser noch in der Erinnerung beinahe unerträglichen Qual zur Poesie, wodurch einige geistreich herzliche Linderung in den Zustand eingeleitet wurde.

Lilis Park mag ohngefähr in diese Epoche gehören; ich füge das Gedicht hier nicht ein, weil es jenen zarten empfindlichen Zustand nicht ausdrückt sondern nur, mit genialer Heftigkeit, das Widerwärtige zu erhöhen und durch komisch ärgerliche Bilder das Entsagen in Verzweiflung umzuwandeln trachtet.

Nachstehendes Lied druckt eher die Anmut jenes Unglücks aus, und sei deshalb hier eingeschaltet:

Ihr verblühet süße Rosen,
Meine Liebe trug euch nicht;
Blühet, ach, dem Hoffnungslosen,
Dem der Gram die Seele bricht!

Jener Tage denk' ich trauernd,
Als ich, Engel, an dir hing,
Auf das erste Knöspchen lauernd
Früh zu meinem Garten ging.

Alle Blüten, alle Früchte
Noch zu deinen Füßen trug,
Und vor deinem Angesichte
Hoffnung in dem Herzen schlug.

Ihr verblühet süße Rosen,
Meine Liebe trug euch nicht;
Blühtet, ach, dem Hoffnungslosen,
Dem der Gram die Seele bricht!

MIT EINEM GEMALTEN BAND

Kleine Blumen, Kleine Blätter
Streuen mir mit leichter Hand
Gute iunge FrühlingsGötter
Tandlent auf ein luftig Band

Zephier nimms auf deine Flügel
Schlings um meiner Liebsten Kleid
Und dan tritt sie für den Spiegel
mit zufriedener Munterkeit

Sieht mit Rosen sich umgeben
Sie wie eine Rosse iung
– einen Kuß geliebtes Leben
Und ich bin belohnt genu⟨n⟩g,

Schicksal Seegne diese trieben
Laß mich ihr und laß Sie mein
Laß das Leben unsrer Liebe
Doch kein Rossen Leben sein

Mädgen das wie ich Empfindet
Reig mir deine Liebe Hand
Und das Band daß uns verbindet
sey kein schwages Rossen Band.

So nehmt die Obern in Acht!
Es mag der Dichter sterben,
Der diesen Reim gemacht.

WANDERUNGEN

⟨Frankfurt, Darmstadt, Homburg, Wetzlar⟩

Ein zärtlich jugendlicher Kummer
Führt mich in's öde Feld, es liegt
In einem stillen Morgenschlummer
Die Mutter Erde. Rauschend wiegt
Ein kalter Wind die starren Äste. Schauernd
Tönt er die Melodie zu meinem Lied voll Schmerz.
Und die Natur ist ängstlich still und trauernd,
Doch hoffnungsvoller als mein Herz.
    Denn sieh bald gaukelt dir, mit Rosenkränzen
In runder Hand, du Sonnengott, das Zwillingspaar
Mit offnem blauem Aug, mit krausem goldnen Haar,
In deiner Laufbahn dir entgegen. Und zu Tänzen
Auf neuen Wiesen schickt
Der Jüngling sich, und schmückt
Den Hut mit Bändern, und das Mädgen pflückt
Die Veilgen aus dem jungen Gras; und bückend sieht
Sie heimlich nach dem Busen, sieht mit Seelenfreude
Entfalteter, und reizender ihn heute
Als er vorm Jahr am Maienfest geblüht.
Und fühlt, und hofft.
               Gott segne mir den Mann,
In seinem Garten dort! Wie zeitig fängt er an
Ein lockres Bett dem Samen zu bereiten!
Kaum riß der März das Schneegewand
Dem Winter von den hagern Seiten,

Der stürmend floh, und hinter sich aufs Land
Den Nebelschleier warf, der Fluß und Au
Und Berg in kaltes Grau
Versteckt; da geht er ohne Säumen
Die Seele voll von Ernteträumen
Und sät und hofft.

EIN GLEICHNIS

Über die Wiese, den Bach herab,
Durch seinen Garten
Bricht er die jüngsten Blumen ab
Ihm schlägt das Herz für Erwarten
Sein Mädgen kömmt, o Gewinnst o Glück.
Jüngling tauschest deine Blüten um Einen Blick.

Der Nachbar Gärtner sieht herein
Über die Hecke, so ein Tor mögt ich sein.
Hab Freude meine Blumen zu nähren
Die Vögel von meinen Früchten zu wehren,
Aber sind sie reif Geld guter Freund.
Soll ich meine Mühe verlieren?

Das sind Autoren wie es scheint,
Der eine streut seine Freuden herum
Seinen Freunden, dem Publikum
Der andre läßt sich pränumerieren.

HEIDENRÖSLEIN

Sah ein Knab' ein Röslein stehn,
Röslein auf der Heiden,
War so jung und morgenschön,
Lief er schnell es nah zu sehn,
Sah's mit vielen Freuden.
Röslein, Röslein, Röslein rot,
Röslein auf der Heiden.

Knabe sprach: ich breche dich,
Röslein auf der Heiden!
Röslein sprach: ich steche dich,
Daß du ewig denkst an mich,
Und ich will's nicht leiden.
Röslein, Röslein, Röslein rot,
Röslein auf der Heiden.

Und der wilde Knabe brach
's Röslein auf der Heiden;
Röslein wehrte sich und stach,
Half ihr doch kein Weh und Ach,
Mußt es eben leiden.
Röslein, Röslein, Röslein rot,
Röslein auf der Heiden.

SAG ICH'S EUCH GELIEBTE BÄUME

Sag ich's euch geliebte Bäume
Die ich ahndevoll gepflanzt
Als die wunderbarsten Träume
Morgenrötlich mich umtanzt.
Ach ihr wißt es wie ich liebe,
Die so schön mich wieder liebt,
Die den reinsten meiner Triebe
Mir noch reiner wiedergibt.

Wachset wie aus meinem Herzen
Treibet in die Luft hinein
Denn ich grub viel Freud und Schmerzen
Unter eure Wurzeln ein
Bringet Schatten traget Früchte
Neue Freude jeden Tag
Nur daß ich sie dichte dichte
Dicht bei ihr genießen mag.

PRIAPEA

⟨I⟩

Hier ist mein Garten bestellt, hier wart ich die
Blumen der Liebe,
Wie sie die Muse gewählt weislich in Beete verteilt.
Früchte bringenden Zweig, die goldenen Früchte
des Lebens,
Glücklich pflanzt ich sie an, warte mit Freuden sie
nun.
Stehe du hier an der Seite Priap! ich habe von
Dieben
Nichts zu fürchten und frei pflück und genieße
wer mag
Nur bemerke die Heuchler, entnervte, verschämte
Verbrecher,
Nahet sich einer und blinzt über den zierlichen
Raum,
Ekelt an Früchten der reinen Natur, so straf ihn von
hinten
Mit dem Pfahle der dir rot von den Hüften
entspringt.

⟨II⟩

Hinten im Winkel des Gartens da stand ich der
letzte der Götter
Rohgebildet, und schlimm hatte die Zeit mich
verletzt.

Kürbisranken schmiegten sich auf am veralteten
Stamme,
Und schon krachte das Glied unter den Lasten
der Frucht.
Dürres Gereisig neben mir an, dem Winter gewidmet,
Den ich hasse, denn er schickt mir die Raben aufs
Haupt
Schändlich mich zu besudeln; der Sommer sendet
die Knechte
Die sich entladende frech zeigen das rohe Gesäß.
Unflat oben und unten! ich mußte fürchten ein Unflat
Selber zu werden, ein Schwamm, faules
verlorenes Holz.
Nun, durch deine Bemühung o! redlicher Künstler
gewinn ich
Unter Göttern den Platz der mir und andern
gebührt.
Wer hat Jupiters Thron, den schlechterworbnen,
befestigt?
Farb und Elfenbein, Marmor und Erz und Gedicht.
Gern erblicken mich nun verständige Männer und
denken
Mag sich jeder so gern wie es der Künstler
gedacht.
Nicht das Mädchen entsetzt sich vor mir, und nicht
die Matrone,
Häßlich bin ich nicht mehr, bin ungeheuer nur
stark.

Dafür soll dir denn auch halbfußlang die prächtige
Rute
Strotzen vom Mittel herauf, wenn es die Liebste
gebeut
Soll das Glied nicht ermüden, als bis ihr die Dutzend
Figuren
Durchgenossen wie sie künstlich Philänis erfand.

DAS BLÜMLEIN WUNDERSCHÖN –
LIED DES GEFANGENEN GRAFEN

Graf

Ich kenn' ein Blümlein Wunderschön
Und trage darnach Verlangen;
Ich möcht' es gerne zu suchen gehn,
Allein ich bin gefangen.
Die Schmerzen sind mir nicht gering;
Denn als ich in der Freiheit ging,
Da hatt' ich es in der Nähe.

Von diesem ringsum steilen Schloß
Laß' ich die Augen schweifen,
Und kann's vom hohen Turmgeschoß
Mit Blicken nicht ergreifen;
Und wer mir's vor die Augen brächt',
Es wäre Ritter oder Knecht,
Der sollte mein Trauter bleiben.

Rose

Ich blühe schön, und höre dies
Hier unter deinem Gitter.
Du meinest mich, die Rose, gewiß,
Du edler, armer Ritter!
Du hast gar einen hohen Sinn.
Es herrscht die Blumenkönigin
Gewiß auch in deinem Herzen.

Graf

Dein Purpur ist aller Ehren wert,
Im grünen Überkleide,
Darob das Mädchen dein begehrt,
Wie Gold und edel Geschmeide.
Dein Kranz erhöht das schönste Gesicht;
Allein du bist das Blümchen nicht,
Das ich im Stillen verehre.

Lilie

Das Röslein hat gar stolzen Brauch,
Und strebet immer nach oben;
Doch wird ein liebes Liebchen auch
Der Lilie Zierde loben.
Wem's Herze schlägt in treuer Brust
Und ist sich rein, wie ich, bewußt,
Der hält mich wohl am höchsten.

Graf

Ich nenne mich zwar keusch und rein,
Und rein von bösen Fehlen;
Doch muß ich hier gefangen sein,
Und muß mich einsam quälen.
Du bist mir zwar ein schönes Bild
Von mancher Jungfrau, rein und mild:
Doch weiß ich noch was liebers.

Nelke

Das mag wohl ich, die Nelke, sein,
Hier in des Wächters Garten.
Wie würde sonst der Alte mein
Mit so viel Sorge warten
Im schönen Kreis der Blätter Drang,
Und Wohlgeruch das Leben lang,
Und alle tausend Farben.

Graf

Die Nelke soll man nicht verschmähn;
Sie ist des Gärtners Wonne:
Bald muß sie in dem Lichte stehn,
Bald schützt er sie vor Sonne.
Doch was den Grafen glücklich macht?
Es ist nicht ausgesuchte Pracht:
Es ist ein stilles Blümchen.

Veilchen

Ich steh verborgen und gebückt,
Und mag nicht gerne sprechen;
Doch will ich, weil sich's eben schickt,
Mein tiefes Schweigen brechen.
Wenn ich es bin, du guter Mann,
Wie schmerzt mich's, daß ich hinauf nicht kann
Dir alle Gerüche senden.

Graf

Das gute Veilchen schätz' ich sehr:
Es ist so gar bescheiden,
Und duftet so schön; doch brauch' ich mehr
In meinem herben Leiden.
Ich will es euch nur eingestehn:
Auf diesen dürren Felsenhöhn
Ist's Liebchen nicht zu finden.

Doch wandelt unten, an dem Bach,
Das treuste Weib der Erde,
Und seufzet leise manches Ach!
Bis ich erlöset werde.
Wenn sie ein blaues Blümchen bricht,
Und immer sagt: Vergiß mein nicht!
So fühl' ich's in der Ferne.

Ja, in der Ferne fühlt sich die Macht,
Wenn zwei sich redlich lieben;
Drum bin ich in des Kerkers Nacht
Auch noch lebendig geblieben.
Und wenn mir fast das Herze bricht,
So ruf' ich nur: Vergiß mein nicht
Da komm' ich wieder in's Leben.

GLEICH UND GLEICH

Ein Blumenglöckchen
Vom Boden hervor
War früh gesprosset
In lieblichem Flor;
Da kam ein Bienchen
Und naschte fein: –
Die müssen wohl beide
Für einander sein.

GEGENWART

Alles kündet Dich an!
Erscheinet die herrliche Sonne,
Folgst Du, so hoff' ich es, bald.

Trittst Du im Garten hervor,
So bist Du die Rose der Rosen,
Lilie der Lilien zugleich.

Wenn Du im Tanze Dich regst,
So regen sich alle Gestirne
Mit Dir und um Dich umher.

Nacht! und so wär' es denn Nacht!
Nun überscheinst Du des Mondes
Lieblichen, ladenden Glanz.

Ladend und lieblich bist Du,
Und Blumen, Mond und Gestirne
Huldigen, Sonne, nur Dir.

Sonne! so sei Du auch mir
Die Schöpferin herrlicher Tage;
Leben und Ewigkeit ist's.

DIE GLÜCKLICHEN GATTEN

Nach diesem Frühlingsregen,
Den wir, so warm, erfleht,
Weibchen! o! sieh den Segen,
Der unsre Flur durchweht.
Nur in der blauen Trübe
Verliert sich fern der Blick;
Hier wandelt noch die Liebe,
Hier hauset noch das Glück.

Das Pärchen weißer Tauben,
Du siehst, es fliegt dorthin,
Wo, um besonnte Lauben,
Gefüllte Veilchen blühn.
Dort banden wir zusammen
Den allerersten Strauß,
Dort schlugen unsre Flammen,
Zuerst, gewaltig aus.

Doch als uns vom Altare,
Nach dem beliebten Ja,
Mit manchem jungen Paare,
Der Pfarrer eilen sah;
Da gingen andre Sonnen
Und andre Monden auf,
Da war die Welt gewonnen,
Für unsern Lebenslauf.

Und hunderttausend Siegel
Bekräftigten den Bund,
Im Wäldchen auf dem Hügel,
Im Busch am Wiesengrund,
In Höhlen, im Gemäuer
Auf des Geklüftes Höh,
Und Amor trug das Feuer
Selbst in das Rohr am See.

Wir wandelten zufrieden,
Wir glaubten uns zu zwei;
Doch anders war's beschieden
Und sieh! wir waren drei,
Und vier' und fünf' und sechse;
Sie saßen um den Topf,
Und nun sind die Gewächse
Fast all' uns übern Kopf.

Und dort, in schöner Fläche,
Das neugebaute Haus
Umschlingen Pappelbäche,
So freundlich sieht's heraus.
Wer schaffte wohl, da drüben,
Sich diesen frohen Sitz?
Ist es, mit seiner Lieben,
Nicht unser braver Fritz?

Und wo, im Felsengrunde,
Der eingeklemmte Fluß
Sich, schäumend, aus dem Schlunde
Auf Räder stürzen muß:
Man spricht von Müllerinnen
Und wie so schön sie sind;
Doch immer wird gewinnen
Dort hinten unser Kind.

Doch wo das Grün, so dichte,
Um Kirch' und Rasen steht,
Da wo die alte Fichte,
Allein zum Himmel weht;
Da ruhet unsrer Toten
Frühzeitiges Geschick,
Und leitet, von dem Boden,
Zum Himmel unsern Blick.

Es blitzen Waffenwogen
Den Hügel, schwankend, ab.
Das Heer es kommt gezogen,
Das uns den Frieden gab.
Wer, mit der Ehrenbinde,
Bewegt sich stolz voraus?
Er gleichet unserm Kinde!
So kommt der Carl nach Haus;

Den liebsten aller Gäste
Bewirtet nun die Braut;
Sie wird, am Friedensfeste,
Dem Treuen angetraut;
Und zu den Feiertänzen
Drängt jeder sich herbei;
Da schmückest du mit Kränzen
Der jüngsten Kinder drei.

Bei Flöten und Schalmeien
Erneuert sich die Zeit,
Da wir uns einst, im Reihen,
Als junges Paar gefreut,
Und in des Jahres Laufe,
Die Wonne fühl' ich schon!
Begleiten wir zur Taufe
Den Enkel und den Sohn.

GINGO BILOBA

Dieses Baum's Blatt, der von Osten
Meinem Garten anvertraut,
Giebt geheimen Sinn zu kosten,
Wie's den Wissenden erbaut.

Ist es Ein lebendig Wesen?
Das sich in sich selbst getrennt,
Sind es zwey? die sich erlesen,
Daß man sie als eines kennt.

Solche Frage zu erwiedern
Fand ich wohl den rechten Sinn;
Fühlst du nicht an meinen Liedern
Daß ich Eins und doppelt bin?

DAS VEILCHEN

Ein Veilchen auf der Wiese stand,
Gebückt in sich und unbekannt;
Es war ein herzig's Veilchen.
Da kam eine junge Schäferin,
Mit leichtem Schritt und munterm Sinn,
Daher, daher,
Die Wiese her, und sang.

Ach! denkt das Veilchen, wär' ich nur
Die schönste Blume der Natur,
Ach, nur ein kleines Weilchen,
Bis mich das Liebchen abgepflückt,
Und an dem Busen matt gedrückt!
Ach nur, ach nur,
Ein Viertelstündchen lang!

Ach! aber ach! das Mädchen kam
Und nicht in Acht das Veilchen nahm,
Ertrat das arme Veilchen.
Es sang und starb und freut sich noch:
Und sterb' ich denn, so sterb' ich doch
Durch sie, durch sie,
Zu ihren Füßen doch.

Das Beet schon lockert
Sich's in die Höh,
Da wanken Glöckchen
So weiß wie Schnee;
Safran entfaltet
Gewalt'ge Glut,
Smaragden keimt es
Und keimt wie Blut.
Primeln stolzieren
So naseweiß,
Schalkhafte Veilchen
Versteckt mit Fleiß;
Was auch noch alles
Da regt und webt,
Genug der Frühling
Er wirkt und lebt.

Doch was im Garten
Am reichsten blüht,
Das ist des Liebchens
Lieblich Gemüt.
Da glühen Blicke
Mir immerfort,
Erregend Liedchen,
Erheiternd Wort.
Ein immer offen,

Ein Blütenherz,
Im Ernste freundlich
Und rein im Scherz.
Wenn Ros' und Lilie
Der Sommer bringt,
Er doch vergebens
Mit Liebchen ringt.

LEBET WOHL, GELIEBTE BÄUME!

Lebet wohl, geliebte Bäume!
Wachset in der Himmelsluft.
Tausend liebevolle Träume
Schlingen sich durch euren Duft.

Doch was steh' ich und verweile?
Wie so schwer, so bang ist's mir?
Ja, ich gehe! Ja, ich eile!
Aber, ach! mein Herz bleibt hier.

IHR VERBLÜHET, SÜSSE ROSEN

Ihr verblühet, süße Rosen,
Meine Liebe trug euch nicht;
Blühtet, ach! dem Hoffnungslosen,
Dem der Gram die Seele bricht!

Jener Tage denk' ich trauernd,
Als ich, Engel, an dir hing,
Auf das erste Knöspchen lauernd
Früh zu meinem Garten ging;

Alle Blüten, alle Früchte
Noch zu deinen Füßen trug,
Und vor deinem Angesichte
Hoffnung in dem Herzen schlug.

Ihr verblühet, süße Rosen,
Meine Liebe trug euch nicht;
Blühet, ach! dem Hoffnungslosen,
Dem der Gram die Seele bricht!

Die Quellenangaben beziehen sich zum größten Teil auf zwei Ausgaben: Goethe, Johann Wolfgang von: Sämtliche Werke, Briefe, Tagebücher und Gespräche, 40 Bände, hg. von Friedmar Apel [u. a.], Frankfurt am Main: Deutscher Klassiker Verlag 1985 ff.

WA: Goethe, Johann Wolfgang von: Weimarer Ausgabe. Hg. im Auftrage der Großherzogin Sophie von Sachsen. Weimar: Hermann Böhlau 1891

1. Goethes Garten-Biografie

Dichtung und Wahrheit: I. Abtl., Bd. 14, S. 17 f.; 44-46; 172 f.

Goethe an Auguste Gräfin zu Stolberg (Fr. 17. ⟨-24.⟩ 5. 1776): II. Abtl., Bd. 2 (29), S. 36-40

Charlotte von Stein an J. G. Zimmermann (14. 03. 1776): II. Abtl., Bd. 2 (29), S. 41

Eckermann: Gespräche mit Goethe: II Abtl., Bd. 12, S. 101-105

Italienische Reise: I. Abtl., Bd. 15/1, S. 65 f.; 155-157; 258 f.; 285 f.; 401-404

Über die verschiedenen Zweige der hiesigen Thätigkeit. Ein Vortrag: WA, I. Abtl., Bd. 53, S. 183 f.

Christiane Vulpius an Goethe (11. 4. 1795): Goethes Ehe in Briefen. Hg. von Hans Gerhard Gräf. Frankfurt am Main 1994, S. 101 f.

August Goethe an seinen Vater (31. 3. 1798): Ebd., S. 222

August Goethe an seinen Vater (30. 5. 1798): Ebd., S. 233 f.

Goethe an Schiller (21. 8. 1799): II. Abtl., Bd. 4 (31), S. 714-716

Goethe an Knebel (17. 9. 1799): II. Abtl., Bd. 4 (31), S. 724

An die Großherzoglich Sächsische Landes-Direction (15./17. 8. 1817): WA, IV. Abtl., Bd. 28, S. 218-220

*Schema zu einem Aufsatze die Pflanzencultur im Großherzog-
thum Weimar darzustellen*: WA, II. Abtl., Bd. 6, S. 228-236

Franz Grillparzer trifft Goethe: Grillparzer, Franz: Selbstbio-
graphie. In: ders.: Sämtliche Werke. Ausgewählte Briefe, Gespräche, Berichte. Bd. 4. München 1965, S. 147 f.

Ferdinand Herzog: Memorandum für den Monath Märtz
1832: In: Hücking, Renate (Hg.): Mit Goethe im Garten. München: Callwey 2013, S. 145

2. Poetischer Garten

In das Stammbuch des Schauspielers Heinrich Beck (31. 1. 1791):
I. Abtl., Bd. 1, S. 701

Maifest: I. Abtl., Bd. 1, S. 129 f.

Die Leiden des jungen Werther: Brief vom 10. 5. 1771: I. Abtl.,
Bd. 8, S. 14

Mit einer Hiazynthe, Weimar 25. 4. 1778: I. Abtl., Bd. 1, S. 235

Wilhelm Meisters Lehrjahre: I. Abtl., Bd. 9, S. 801-803

Amyntas – Elegie: I. Abtl., Bd. 1, S. 632 f.

Dauer im Wechsel: I. Abtl., Bd. 2, S. 78 f.

Die Wahlverwandtschaften: I. Abtl., Bd. 1, S. 459-462

Gartenhaus am untern Park: I. Abtl., Bd. 2, S. 862

Ein Gleichnis: II. Abtl., Bd. 10 (37), S. 612

Chinesisch-Deutsche Jahres- und Tageszeiten: I. Abtl., Bd. 2,
S. 695-699

*An Frau von Martius bei Übersendung einer Artischocke, Wei-
mar, 11. 8. 1831:* I. Abtl., Bd. 2, S. 835

An Frau Rätin Wangemann, Weimar, 4. 11. 1831: I. Abtl., Bd. 2,
S. 836

An Zelter zum 11. 12. 1831: I. Abtl., Bd. 2, S. 836

3. Goethe und die Botanik

Die Metamorphose der Pflanzen / Wiederholung: WA, II. Abtl., Bd. 6, S. 89-94

Die Metamorphose der Pflanzen / Durchgewachsene Rose: WA, II. Abtl., Bd. 6, S. 80 f.

Friedrich Gottlieb Dietrich: *Neuer Nachtrag zum vollständigen Lexikon der Gärtnerei und Botanik oder alphabetische Beschreibung vom Bau, Wartung und Nutzen aller in- und ausländischen, ökonomischen, officinellen und zur Zierde dienenden Gewächse*. Bd. 10. Ulm 1840, S. 15 f.

Der Verfasser theilt die Geschichte seiner botanischen Studien mit: WA, II. Abtl., Bd. 6, S. 104-111; 113 f.; 120-127

Goethe an Charlotte von Stein (8. 6. 1787): II. Abtl., Bd. 4 (31), S. 303; 305

Zum bequemen Gedächtnis der 15 natürlichen Klassen: I. Abtl., Bd. 1, S. 699

Tag- und Jahreshefte als Ergänzung meiner sonstigen Bekenntnisse: WA, I. Abtl., Bd. 35, S. 87

Goethe an Nees von Esenbeck (24. 4. 1823): II. Abtl., Bd. 10 (37), S. 34 f.; 704 f.

Soret an E. Dumont (2. 1. 1829): II. Abtl., Bd. 11 (38), S. 79 f.

Goethe an Carlyle (2. 6. 1831): II. Abtl., Bd. 11 (38), S. 398; 400

Goethe an E. H. F. Meyer (23. 4. 1829): II. Abtl., Bd. 11 (38), S. 110-114

Aufsatz über die Spiraltendenz: WA, II. Abtl., Bd. 7, S. 342-346

4. Liebesgarten

Zur Morphologie und *Die Metamorphose der Pflanzen*: WA, II, Bd. 6, S. 139-143

Gefunden: I. Abtl., Bd. 2, S. 20

Von Wundergärten und Garten-wundern

Durch den Garten flanieren, mal hier eine Blüte bestaunen, mal dorthin schnuppern; Ausschau halten, nach all dem, was da kreucht und fleucht; in der Nachmittagssonne im Schatten eines Baumes sitzen und die Gedanken schweifen lassen; oder den Jahreszeiten und dem Wetter trotzen und das Gärtnern zur Passion machen – der Garten ist ein Ort ungeahnter Möglichkeiten, Momente des Glücks zu erleben.

Die Vielfalt des Gartenglücks findet sich in all den wunderbaren Geschichten wieder, zu denen Autorinnen und Autoren immer wieder inspiriert werden. Die schönsten sind in diesem Band versammelt – und bescheren ein einzigartiges Garten-Lese-Vergnügen.

»Blumen sind das Lächeln der Erde.« *Ralph Waldo Emerson*

Gartenglück. Die schönsten Geschichten. insel taschenbuch 4375. Etwa 160 Seiten

>>Die Beschäftigung mit Erde und Pflanzen kann der Seele eine ähnliche Entlastung und Ruhe geben wie die Meditation.<<

Etwa die Hälfte seines Lebens hatte Hermann Hesse einen eigenen Garten. Ähnlich wie das Malen war die Beschäftigung im Freien für ihn eine erholsame Abwechslung von der Tätigkeit am Schreibtisch. Die Gartenarbeit war seine >>Zuflucht aus der Welt des Papiers<<. Sie war ihm auch behilflich beim Fortspinnen von Phantasiefäden, zur Meditation und Kontemplation.

In Erzählungen, Betrachtungen und Gedichten hat Hermann Hesse über das harmonische Zusammenspiel von Zier- und Nutzpflanzen, Blumen, Sträuchern und Bäumen, ihr Werden und Vergehen im Wechsel der Jahreszeiten berichtet. Die schönsten dieser Schilderungen, von der Betrachtung >>Im Garten<< bis zur berühmten Verserzählung >>Stunden im Garten<<, sind in diesem neu illustrierten Geschenkband versammelt.

Hermann Hesse: Freude am Garten. Herausgegeben von Volker Michels. insel taschenbuch 4371. Etwa 240 Seiten

»Ein Garten müht sich nicht, wenn er blüht, es ist ihm eine Lust.«
Rainer Maria Rilke

Der Garten, ob wild und unberührt oder von Menschenhand liebevoll gestaltet, verführte und inspirierte Rainer Maria Rilke zu zahlreichen Gedichten und Texten, in denen er Bilder schuf, die bezaubernder nicht sein könnten. Sei es das kleinste Detail oder das große Ganze, die Stille im Winter oder die flirrende Luft im Sommer, prachtvolle Blüten oder mächtige Bäumen – all die herrlichen Beobachtungen fängt der Dichter mit seiner unverwechselbaren Sprache ein. Der Garten ist für ihn immer: ein Ort voller Wunder und Frieden.

Und eine Linde ist mein Lieblingsbaum;
und alle Sommer, welche in ihr schweigen,
rühren sich wieder in den tausend Zweigen
und wachen wieder zwischen Tag und Traum.

»Der Garten glänzt vor lauter Licht«. Gartenglück mit Rainer Maria Rilke. Herausgegeben von Arne Grafe. insel taschenbuch 4372. Etwa 160 Seiten

»Ich liebe meinen Garten.«
Elizabeth von Arnim

Ach, ich könnte vor Freude jauchzen und tanzen, daß der Frühling da ist! Dieses Wiedererwachen von Schönheit in meinem Garten und heller Zuversicht in meinem Herzen!

Ihr Garten machte Elizabeth von Arnim glücklich, sie frönte der herrlichen Pracht der Blüten und feierte die Sinnesfreuden der Natur. Dabei ist der Garten für sie auch eine große Spielwiese: Der grüne Daumen übernimmt die Regie, die Hände graben emsig in der Erde, es werden Rabatten bepflanzt und Beete gejätet. Genauso sehr aber schätzt sie ihn als Ruhestatt und Rückzugsort, um sich vor ungeliebten Mitmenschen, übellaunigen Ehemännern, kauzigen Bekannten und eitlen Besuchern in Sicherheit zu bringen – und sich allein der Schönheit des Lebens hinzugeben …

»Mein himmlisches Königreich«. Gartenglück mit Elizabeth von Arnim. Herausgegeben von Katrin Eisner. insel taschenbuch 4374. Etwa 160 Seiten

Hat der Garten uns oder haben wir ihn?

Auf vielerlei Pfaden geht Eva Demski in ihrem Buch dem besonderen Verhältnis zwischen Mensch und Garten nach, sie erzählt vom Glück des Gelingens und von der Erschaffung eines Stücks Himmel auf Erden.

»Er hat mich mehr als einmal gerettet, der Garten: die Dinge zurechtgerückt, mich zum Lachen gebracht, wenn mir zum Heulen war. Er bereitet mir Niederlagen, aber er tröstet mich, wenn die Welt mir welche bereitet.«

»Schon lange nicht mehr war so ein anregendes, kluges und charmantes Buch über Garten und Gartenmenschen auf dem Büchermarkt.« *Frankfurter Allgemeine Zeitung*

Eva Demski, Gartengeschichten. Mit Bildern von Michael Sowa. insel taschenbuch 4003. 235 Seiten

Süchtig nach Grün

Gärtnern, die große Leidenschaft, treibt unterschiedliche Passionsblüten: von Menschen, die mit Lust im Sand und in der Erde wühlen, und anderen, die lieber fremde Gärten bewundern. So schwärmt Maurice Maeterlinck für Orchideen, Gertrude Jekyll erfreut sich an prachtvollen Farbeffekten im Staudenbeet, Eva Demski hofft, daß die Samen aus den Lügentütchen in ihren Blumentöpfen aufgehen, René Schickele betet seine Pfingstrosen an, und Lady Wardington geht eifrig auf Maulwurfjagd.

Leidenschaftliche Gärtner. Ausgewählt von Elsemarie Maletzke. insel taschenbuch 4114. Etwa 180 Seiten

»Deutschlands beste Gärtnerin.«
Die Welt

Gabriella Pape macht den Garten für die Menschen erlebbar,
entdeckt ihn als Inspiration und Quelle von tiefer Zufrieden-
heit. Eine Anleitung zum Glücklichwerden, eine humorvolle
und tiefgründige Verführung in den Garten: Es braucht nur
etwas Mut, Geduld und Vertrauen in die Kräfte der Natur und
in das eigene Handeln – und es wird in unseren Gärten etwas
Wunderbares entstehen.

Gabriella Pape, Meine Philosophie lebendiger Gärten.
insel taschenbuch 4115. 247 Seiten